JN306323

ヤクザに学ぶできる男の条件

山平重樹

祥伝社黄金文庫

本書は、祥伝社黄金文庫のために書き下ろされた。

まえがき

「あの男はすごい」――男が男に惚《ほ》れるヤクザ社会で、周囲からこのように言われることは、とても難しい。

なにしろ、すごいと感じ、一目《いちもく》置いた相手のためなら、死すら辞さない世界である。他人に対する評価は、いくら厳しくしても厳しすぎるということはないのだ。

それだけに、「すごい」「できる」というのは、彼らにとって最高の褒《ほ》め言葉と言っていいだろう。

私自身、取材を通して、そのような人物たちの知遇を得、目《ま》の当たりにしてきた。

実は、彼らの多くは、見た目が普通のおじさんとなんら変わりないことが多い。

それで、周りの人間はつい油断してしまうのだが、彼らはやはり違う。決断力、自己管理能力、アイデア、指導力、人脈、女との付き合い方……そのいずれもが、他人とちょっと違うのだ。

この、「ちょっと」というところが肝心で、普通の人間にも真似できそうで、本当は難しいということを、実にさりげなく、しかも継続して行なっている。ちょっとした違いが、大きな差を生むのである。

本書では、さまざまな男たちのエピソードや会話を通して、その「違い」を私なりにまとめてみた。さりげないひと言の中に、ビジネスマンにも通用する、大きなヒントが隠されている。

彼らはまた、これまでの渡世で、しばしば命のやり取りにかかわるような危機に陥ってきた。一度ならず二度、三度、という人も少なくない。そんな危機を、自らの力でチャンスへと逆転してきた。その積み重ねがあるから、「できる男」と評価されるようになったといえる。

危機を好機に転じること、これは究極のサバイバルといってよい。できる男は、その過程を通して、さらに組織力アップすら行なってしまう。

会社勤めの人間が、命のやり取りのような状況にたたされることなど、ほとんどないだろう。しかし、思いがけないピンチに立たされる可能性はつねにある。そんな時、いかにして状況を逆転させ、さらに組織力自体をパワーアップさせるか。それができる人物こそ、真のリーダーといえる。ヤクザ社会のサバイバル・ノウハウは、ビジネスマンにも資するところが大きいと確信する。

一章ではできる男と言われるための男の磨き方を、二章では真のリーダーのあるべき姿を、それぞれ語った。

本書が、厳しい現代社会を生き抜くための参考になれば、幸いである。

二〇〇四年一月

山平重樹《やまだいらしげき》

目次

一章　伸びる男は、ここが違う

——ライバルに差をつける男の磨き方

1　決断力がなければ始まらない

社会のなかで人が人として生きていく限り、進学、就職、結婚、転職……など、人生の節目節目に迫られるのが、決断というものである。

とくに戦う男たち——軍人、棋士、野球の監督……といった勝負師にとっては日常が決断の連続であり、決断力が何よりも肝心となってくる。

戦う男たちといえば、この厳しい時代に生きるビジネスマンとてそれに違いないし、さらにいえば、その最たる者としてヤクザ渡世に生きる男たちを挙げることができよう。

ヤクザの場合、その決断がときとして生死に関わることもあるし、長い懲役を余儀なくされることにもなるのだから、決断の持つ重みもカタギとはだいぶ違ってくる。

いや、そもそも明日をも知れず、生命の保障もないヤクザという生きかたを選択すること自体、われわれ凡人からすれば、大変な決断と思ってしまうのだが、関係者にいわせる

と、

「そんな決断なんて大層なことをしてヤクザになるヤツは、まずいませんよ。だいたいヤクザというものが命をマトにした生きかたなんだよ、という認識もなく入ってくるのが大半じゃないかな。そりゃそうですよ、みんな子どものうちにヤクザになるんだから。決断とか信念とかいうもんじゃなくして、親の手にも負えないワルガキであったとか、あるいは人の縁を通して、自然の流れのなかに、ヤクザになるべくしてなるというのが、ほとんどのパターンですよ。決断してヤクザになるなんてのはめったにいません」

むろんそうでない人もいて、カタギ社会の汚なさを知って、ヤクザ渡世で生きる決断をしたというのは、北海道で「その親分あり」と知られた故N組長。

N組長の場合、ヤクザ渡世に身を投じる前は愚連隊として大いに名をあげたものだが、元来子どものころから学業も優秀で、根が真面目な男であったから、間もなく愚連隊の足を洗い、カタギになる決意をした。

東京に本社のある大手運送会社の道内地元支店に就職したのである。同支店では商業高校出身の経歴を買われ、経理を任されることになった。

N組長が会社幹部の不正に気がついたのは、入社半年後のことである。調べると、営業所長が自分の権限を利用して、書類操作し、労務者の賃金をかなり横領しているのがわかった。不正受給は毎月十万円にものぼる驚くべき金額だった。しかも、何年間にもわたって行なわれていた。

その事実を支店長と総務部長に訴えると、

「君、頼むからいまの話は君の胸だけにしまっておいてくれ」

と二人は孫ほど歳の離れたNに頭を下げて、懇願するのだった。会社の醜聞が表ざたにならないようにひた隠し、内々に処理しようという姿勢が明らかだった。

Nは芯から呆《あき》れてしまった。

営業所長の長年にわたる不正受給は、刑事事件でいう文書偽造、印鑑盗用、業務上横領の罪に問われる、立派な犯罪行為であった。それを支店長と総務部長は揉み消そうという肚《はら》なのだ。

〈オレはいままでずっと愚連隊まがいのことばかりやってきた。やっとまともなカタギの勤め人になれたと思ったら、何のことはない、カタギ社会のほうが、ヤクザよりもっと汚ないじゃねえか〉

Nの胸にムラムラと怒りが湧き起こり、即座に決断した。

「辞めます」

迷わず、Nの口を衝《つ》いて出た。

「え？」支店長は何のことかわからない。

「こんなところへは一日たりともいたくありません。会社を辞めさせてもらいます」

きっぱりといい放つNに、支店長は驚いて、

「君みたいに優秀な社員が何をいうんだい。帳簿を見ただけで不正に気がつく人間なんか、他に誰もいないよ。たいしたもんだ。なんとか辞めないで会社に残ってくれんか」

と世辞を並べて、引きとめにかかった。

だが、すでにNの決意は固かった。こうと決めたら、梃子《てこ》でも動かない性格である。

「お世話になりました」

呆然と立ちつくす支店長と総務部長を尻目に、Nは悠々と会社をあとにした。それはカタギ社会との訣別《けつべつ》でもあった。

こうした持ち前の決断の早さは、ヤクザ界に飛びこんでも存分に発揮され、Nは風雲を巻き起こしていく。北海道一の大親分に対する逆破門状、北海道に初めて山口組の代紋を掲げた果ての絶頂期の引退――など、電光石火の決断は、いまなお語り草になるほどの伝

説を残したのである。

先ごろ、関東の名門テキヤT会系O一家五代目を継承したS親分も、その決断力が高く評価されている一人だ。

S親分はもともと博徒の名門N一家六代目N総長の若い衆として、長い間渡世を張ってきた。N一家とO一家とは博徒とテキヤという稼業違いではあったが、博徒でいう縄張り、テキヤでいう庭場がダブっている地域もあって、昭和初期から親戚づきあいをしてきた。

だが、テキヤのO一家のほうは三代目となったころから、かつての勢威も衰え、若い衆も減ってきた。四代目の代になって、さらにその傾向に拍車がかかり、戦後の最盛期に比べれば、見る影もなくなった。なお悪いことに、四代目は継承後しばらくすると病気がちになった。

四代目は、自分の跡目ということを早急に考えなければならなくなった。が、そこで暗《あん》澹《たん》とした気持ちになった。これはといった若い衆は誰も育っておらず、あとを任すに足る人材は一人も見当たらなかったからだ。

「はて、どうしたものかな……」

と考えたとき、四代目に妙案が浮かんだ。かねて親戚として親交のあるご近所のN一家から、いい人材を選んでもらい、跡目養子として入ってもらうというアイデアであった。

〈あそこなら人材も豊富だ。いい若い衆もいっぱい育ってる。稼業違いとはいっても、男稼業に変わりはない。立派にうちの一家を再建してくれるだろう〉

O一家四代目はさっそくそのことをN一家六代目総長に申し出た。

「はあ、それはありがたい話ですが、うちにお役に立てる人材がいるものかどうか……」

とN一家六代目は答え、幹部会に諮《はか》ることにした。

というのは、この件はどう考えても六代目が適当な幹部を名ざして、「おまえが行け」と命じられる性格のものではなかったからだ。

はたして幹部たちの反応も、

「はあ、ちょっとこればかりはすぐには決めかねます」

と難色を示した。

それもそのはずで、いくらテキヤの名門で豊潤な庭場があるとはいっても、それは昔の話で、いまではすっかりペンペン草が生えているような状態だったからだ。

N一家の幹部にすれば、O一家など及びもつかない博門の名門にいて、貸元、あるいはそれに次ぐ地位を摑《つか》んだいま、何を好きこのんでテキヤの代を継がねばならんのだ——との思いのほうが強かったのだ。誰もが二の足を踏むのも無理なかった。そこへ行っても、苦労するのは目に見えていたからだ。

が、いくら落ちぶれたとはいえ、腐っても鯛、O一家の代目をとってそのブランドと庭場を手中に収めるのは、N一家にとって決して悪い話ではなかった。業界内でのステータスもぐんとあがるというものであった。

むろんその跡目養子に入る以上、誰でもいいというわけにはいかず、相応のキャリアと貫目が要求された。

それにふさわしい人材はいないものか——N総長は幹部たちの顔を思い浮かべ、点検してみた。

すると、その幹部のなかから、

「ぜひ私に行かせてください」

と名のりをあげた者があった。

それがSだったのである。

「S、おまえ、行ってくれるか」

N総長はSと聞いてハタと膝を打つような思いがした。

N一家では渡世歴が古いほうなのにやたらまわり道ばかりしていたから、いまひとつ出世が遅れている男だった。後輩たちに追い抜かれ、組長名のりこそしていたが、いまだ貸元の座を摑んでいなかった。

順調に来ていれば、もっと上に行っていてもおかしくないのに、二度ほどちょっとした失敗を重ねたことが痛かった。破門の経験もある男だった。

それでもヤル気だけは誰よりもあり、N組長も憎からず思っていた。

SがO一家の跡目養子に入ることを志願したのは、何よりチャンスと思ったからだ。幹部の誰もが生粋《きっすい》の博徒の道しか知らないのに比べ、Sだけは十代のころにテキヤの修業をしたこともあり、神農社会（テキヤ社会）にも馴染《なじ》みがあった。性格的にもテキヤ向きと、自他ともに認めていた。

〈N親分には恩義があるのに、いままでさんざん迷惑ばかりかけてきた。いまこそ恩を返し、男になるチャンスじゃないか。オレが立派にO一家の五代目を継ぐことが、N親分に対する一番の親孝行にもなるだろう〉

との思いがあり、決断も早かった。

そんなSの決断は、N総長をはじめ、幹部全員に受けいれられ、賛同を得たのだった。

かくてSはT会系O一家四代目の跡目養子に入り、跡目代行として四代目に代わって一家を切り盛りし、任侠道ならぬ神農道に邁進《まいしん》した。Sに対する業界の評価も日増しに高くなった。

こうして六年後、Sが晴れてT会系O一家五代目を継承するに至ったのである。

2　自己管理ができてこそ一流である

いま、そこそこの地位にある親分衆のなかには、飲む打つ買う――酒も女も博奕《ばくち》もやり放題、一生面白おかしく遊んで暮らしたいからヤクザになったんだという人も、決して少なくないかも知れない。

そしてそれをそっくりその通り実践し、いまに至るもそのスタイルを変えていない――というような親分がいたとしたら、それはそれでたいしたものであろう。

が、実際のところは、そういう人が生き残っていられるほどヤクザ社会が甘い世界とは思えないし、もうそんなことが通用する時代ではとっくになくなっている。バブル崩壊、平成不況、暴対法、発射罪、組織犯罪対策法、民事の使用者責任の問題、より重くなっている裁判の量刑……等々、ヤクザ社会はいま、二重三重の締めつけを受け、かつてない〝冬の時代〟を迎えているといっていい。

食うか食われるか、生きるか死ぬかというサバイバル競争の苛酷《かこく》さは、ビジネス社会の比ではあるまい。

渡世歴三十年を超える五十代の関東の広域系四次団体のK組長は、

「まあ、鳴かず飛ばず、どうにか生き残ってやってるという状況だね。いまの時代、それだけでも大変なことなんですけどね。私のまわりからもずいぶんいなくなりましたよ、この十年の間で。上の者から兄貴分、先輩、同期や下の連中まで、一家の全盛期に比べたら半分近い人間が消えちゃったね。体を壊したり何かの事情で足を洗った者、破門された連中、あるいは杳《よう》としていなくなった者もいるしね……ヤクザの一番いい時代を知ってる者からすれば、隔世の感がありますよ」

このK組長にも羽振りのいい時代があって、それは三十代の時分。もっとも、その時期はヤクザ全体がいまのような締めつけもなく、わが世の春を謳歌《おうか》していた時代でもあった。

K組長は三十代の若手組長として事務所を出し、若い衆も抱えて最も元気のよかったころだ。

そのころのK組長の毎日は、夜な夜なネオン街に繰りだしては明けがたまで飲み歩き、昼すぎにゆっくりと起きだすや、自宅近くのサウナ会館に〝出勤〟して昨夜のアルコールを抜き、マッサージを受けたあとで遅い朝食、そのあとはサウナ会館に用意されたK組長専用の部屋で夜まで麻雀と相なるのだ。

一家の義理ごとや特別な用件が入らない限り、これがK組長の平均的な一日であった。なんともはや、殿さまのような暮らしというか、実に気楽なものであった。それが通用する時代だったのも確かである。

いまや酒も博奕《ばくち》もいっさいやらず、ストイックな生活を送るK組長にとって、その時代は自身でも考えられないような放埒《ほうらつ》な暮らしぶりであったようだ。

K組長が苦笑しながらこう振り返る。

「いま、そんなことやってたら、とっくに潰《つぶ》れてますよ。昔はそれで通ったんだから、いい時代だったんだろうね。私に限らず、いまはそんなことやってる人は誰もいないし、だいたい今日び、夜な夜な街へ出て酒を飲み歩いてるなんて親分の話はもう聞いたことないね。したくてもできないということもあるんだろうけど、この厳しい時代、さすがにそんな能天気な親分はいなくなったということだね。みんな身を律してやってますよ」

K組長の生活もいまやガラッと変わって、毎週二回組員とともに取りくんでいるのが、空手の稽古。フルコンタクト制で、もう十年以上も続けているという本格的なもの。師範代として自ら道場生たちに指導できる立場にあるほどで、どんなに忙しくても週二回は道場に通い、稽古を欠かしたことがないという。

「空手をやるというのは、うちの組員資格にもなってますから、若い衆は全員が空手に取りくんでますよ。毎年大会にも出てるんですが、個人戦でいいところまで行くヤッもいるし、団体戦でもわがチームは毎回必ず二回戦ぐらいは突破してますよ」

かつてのK組長の、自堕落といっては失礼だが、自由気ままな暮らしぶりとはなんたる違いであろうか。

「いまでは紅灯の巷《ちまた》に繰りだすことはないし、酒もめったに飲むことはないですよ。カネも続かんしね。ヤクザだからって、もう好き勝手なことをやって通用する時代じゃないんです。品行方正というんじゃないですよ。そりゃ、女のほうはそこそこやってます。けど、女に溺《おぼ》れたり、酒やバクチもやりっ放しというのでは親分はつとまらないし、若い連中にしたってつまずきのもとであってね、そればっかりやって伸びるヤッというのはいません。ましてシャブなんて論外。そりゃ、カタギさんの世界と同じですよ」

とK組長。派手に遊んでいた、かつてのような生活をピタッとやめたのは、やはり同じようなことをやっていた先輩や同輩たちが、体を壊してこの世界から去っていったり、早死にしたり、カネでパンクして組を追われたり潰れていくのを目《ま》のあたりにして、ハタと考えるようになったのだという。

「せっかくヤクザとしていいところまでいっても、あと一歩のところで体を壊したり、死んだり挫折するケースがあまりに多い。そりゃ、ヤクザは太く短くというけれど、それでは親分に対して申しわけないし、若い衆もかわいそうだ。親分が大きくなれないし、若い衆も伸びる芽が潰されてしまうことにもなりかねない。こりゃ、まず自己管理ができなきゃどうしようもないな、と思ったんだね」

バブル経済全盛のころは、このK組長以上に豪勢に遊んでいる親分はザラだった。連日の銀座《ぎんざ》通い、べらぼうに高いワインやブランデーをあけ、女の子にはチップをばらまいて、湯水のごとくカネを使っても面白いようにカネが入ってくる時代があったのだ。

だが、バブルは弾け、そのつけは大きかった。自ら命を絶ったり、いつのまにか名前が消えてしまっている親分も少なくなかった。

一方で、一流といわれる親分ほど、世間が思っているような豪奢《ごうしゃ》な暮らしぶりとは程遠く、ストイックな日々を送っているものだ。

たとえば、間もなく九十歳になろうとする稲川会の稲川聖城総裁は、若い時分から酒は一滴も飲まず、クラブとか女の子が接待するような店には、ほとんど顔を出したことさえなかったといわれる。柔道やゴルフ、海泳ぎで鍛えた肉体は頑健さを誇り、早寝早起きの習慣は昔からのもので、食事などもいたって質素という。

関東の広域系二次団体幹部がこういう。

「酒を飲まない親分というのは案外多いですよ。体質的にまったく飲めないという人もいるし、若いころは浴びるほど飲んだけど、いまはピタッと断ったという親分もいる。一流の親分で、飲む打つ買う——を三つとも目いっぱいやってる人というのは、あまり見あたらない。三つとも全部やって伸びてる人間というのはいないね。だいたいカネも続かないし、体も続かない。むろん一つもやらない男なんて、もっと伸びるはずもないけど、うんと大きくなるためには三つともやってもダメ、どれか一つはやめなきゃならんというので、私は酒をピタッとやめたんです。その代わり、女とバクチのほうはきっちりやってますよ（笑）」

男の三大道楽といわれる酒、女、博奕。その三つともに血道をあげたのでは、肝心なことがお留守になるし、逆に男たる者、二つくらいはバンバン励むほどでなければ甲斐性がないというのである。

では、男にとって肝心なこととは何か。それがビジネス――仕事であるのはいうまでもあるまい。その仕事に一所懸命うちこむために、道楽もあるのだということは肝《きも》に銘じるべきであろうか。

3 逆境に強い男が伸びるのだ

——逆境の乗りきりかた

かつて〝電力の鬼〟といわれた松永安左衛門《まつながやすざえもん》は、一流の男となるための条件として、浪人・服役《ふくえき》・闘病生活を挙げ、この三つの関門をくぐり抜けてこそ達成できるとした。

もとより服役体験といっても、盗みや詐欺《さぎ》といった類《たぐい》の破廉恥《はれんち》罪であってならないのはいうまでもないが、これは松永の生きた時代が、政治や思想運動に若者が体を張ることのできた時代であればこそ生まれた言葉であったろう。

とはいえ、浪人や闘病生活のほうは、むしろリストラや失業、倒産が日常茶飯事《さはんじ》と化し、ストレスが溜《た》まる一方の現代社会にあってのほうが、明日はわが身となる可能性が高い。

いずれにせよ、松永がいわんとしたことは、逆境を体験すればするほど、そしてそれを克服し、糧《かて》にすればするほど、一流の人物になりうる道は開かれているのだということであろう。

なるほど、浪人・服役・闘病生活といえば、いずれも逆境も逆境で（浪人はさほどでもないかも知れないが）、できたら生涯、これだけは体験せずに済ませたいとは誰もが思うこと。

ところが、現代の世にあって、服役——獄中暮らしをきわめて日常的なものとし、宿命として生きている者たちがいる。

ヤクザ渡世に生きる者たちだ。彼らとて本当のところは、懲役《ちょうえき》などできることなら避けたいと思っているに決まっている。

が、いま上にいる人たちで、懲役もしくは獄中を一度も体験したことのない親分というのは皆無に近く、一流の親分といわれる人たちの考えは、少しばかり違ってくる。

つまり懲役は逆境ではなく、むしろ修業の場であり、それがあったればこそいまの自分がある——と主張する親分が多いのだ。

渡世歴三十五年のうち、通算二十三年を獄中で過ごしたという関東の五十代のY組長がこういう。

「懲役が苦しいと思ったことは一度もないですね。刑務所にはいい人間もいれば悪い人間もいるし、名のある親分もいればチンピラもいる。人のなかで揉《も》まれるというのは、自分の気持ちの持ちかたによってすごくプラスになるんです。だから、懲役に行っても無駄に過ごすな、と若い衆にいうんです。対人関係が難しいというけど、刑務所のなかは一種の別世界だから、外と同じ気持ちで過ごしてたら決してうまくいくはずがない。狭い部屋に八人も九人も寝てるんだから、譲《ゆず》りあわなきゃならない。刑務所へ行くのは不幸なことかも知れんけど、ヤクザやってる以上、それは避けて通れない。自分で自分を磨いてこいというんです。

私は教わることが多かったですね。いろんな人を見て、ああいうことはやっちゃいけない、これはいいことだから真似していきたいな、といろんなことを体験して自分の肥《こ》やしにしていけましたから。どんな境遇になっても、人間というのは自分の気持ちの持ちかたひとつで、どうにでもなるんです。だから、その間、社会不在で、空白ではあったけど、決して無駄にはなってないし、人とのつながりを持って、少しずつ人間が大きくなれたと思うね」

また、最初の懲役が三十代に入ってすぐのとき、抗争事件によるもので、七年の刑をつとめたという、都内で渡世を張る五十四歳のN組長は、当時をこう振り返る。

「その最初の七年間の懲役というのは、自分にとって一つの財産といっていいくらい、実になったですね。だから、私は若い衆にも、懲役に行けというんです。それもできるなら三年以上、しっかりつとめる気持ちがなきゃダメで、チャランポランな気持ちなら十年行っても意味ないけどね。

まず人間関係にしても何にしても、あそこは社会の縮図そのもので、勉強になりますよ。私にいわせれば、懲役は逆境じゃないんです。シャバのほうが逆境だと思いますよ。刑務所のほうが冷静にかつ客観的に物事が見られて、なおかついろんなことがよく見えてくるんです。神経が尖鋭《せんえい》になるんですね。自分にはその七年間というのは、あっという間でした。それほど充実した時間を過ごせたと思いますよ」

もともと右翼思想に傾倒していたというN組長だが、この服役期間には、マルクスやレーニンまで読みあさり、とくに感銘を受けた本には赤線を引いて何度も読むから、しまいには本が真っ赤になってしまったという。

ちなみに前述のY組長の獄中時代の読書は、小説よりノンフィクションのほうが多かったというが、最も深い感銘を受けたのは、船山馨《ふなやまかおる》の小説で『石狩平野』。何よりも女主人公の不屈の闘志に感動したという。

で、N組長の場合、そんな一冊は倉前盛通《くらまえもりみち》の地政学を論じた『悪の論理』だったとか。

N組長がこう続ける。

「それと刑務所では、ときとしてすばらしい人物とも出会えるんです。また、あのなかでは、好むと好まざるとにかかわらず、気の合う人間とも気にいらないヤッとも一緒に暮らさなきゃならない。少々のことでは辛抱しなきゃならんし、妥協も必要です。かといって、親分を持つ身で、親分の看板に泥を塗るような、安目を売るわけにもいかないし、そのへんのバランスが難しい。本当に勉強になりましたよ」

まさに、災いを転じて福となすというか、懲役こそ己《おのれ》を伸ばす場所であって、シャバこそ逆境——というのは、見事なプラス思考であり、逆転の発想というべきであろう。

N組長は出所後も、刑務所での生活を忘れないために、月に一度、囚人服に似た服を着て、麦メシを食べる生活を続けている。ついシャバでの生活に慣れ、安易に流されないよう、気持ちをひき締める意味で実践してきたことだったという。

むろんヤクザにとって逆境というのは懲役だけに限らない。いや、そもそも懲役を逆境というのは、われわれの勝手な思いこみかも知れず、当事者たちにすれば、前述のようにあまりそうとは感じていないフシも見られるのだ。

組関係者がこういう。

「そりゃ正直なところをいえば、懲役はつらいし、行きたくないよ。けど、懲役を逆境と考えてしまったら、ヤクザは失格なんだね。ヤクザにとって懲役はいつでもありうることと、ひとつの仕事だ。懲役どころか、場合によっては親分や組のために命を失うことだってあるのが、ヤクザの世界。それを考えたら、懲役へ行くなんてことは、なんでもない。ヤクザの仕事だよ。ヤクザがもう懲役へ行くのが嫌だとなったら、さっさとカタギになるべきであってね」

とは、やはり厳しい世界である。

では、懲役でさえ逆境にあたらないというのなら、ヤクザにとって逆境とは何だろうか。

「それはサラリーマンと一緒で、一番きついのは、彼らの世界でいうリストラ、オレたちにすれば〝破門〟だな。ずっと何十年もヤクザやってきて、親分からクビだといわれりゃ、もうどうしようもない。ましてヤクザの場合、サラリーマンと違って、親分から破門をいいわたされたら、よその組へ移ることもできない。お先真っ暗だよ」（前出の組関係者）

つまり、破門状といって、

《右の者、任侠道上許し難き段之有依って「平成〇年〇月〇日付」を以って「破門」と決定しました。

就きましては今後当組とは一切関係ありませんので御通知申し上げます。

尚、念の為御賢台様には縁組、交友、商談等の如何を問わず、一切固くお断り致します。右の行為ある場合、当組に敵対行為あるとみなし断固たる処置を取らせていただきます》

との文面の状《チラシ》(ハガキが多い)が全国の組織に配布されるから、破門となると、どこの組織に移ることもできないし、相手にされなくなる。

もしどこかの一家がこの者を匿《かくま》ったり、身内にでもしようものなら、破門した組織が承知しないし、喧嘩《けんか》のもとになる。破門された者を匿ったり、縁組みすることは、この渡世では立派な掟《おきて》破りなのだ。

ただ、救いは、破門の場合、ある期間を謹慎し、間に入ってくれる人があれば、本人の心がけ次第では復帰可能の処分。それだけに大成した親分でも、若い時分に、一回や二回、破門処分を受けた経験を持つ者は少なからず存在する。

前出の組関係者がこういう。

「私も若いころ、破門された経験があるんだけどね。あとで親分に許され、破門を解かれてこの渡世に戻ることができたんだけど、その破門期間の四年間というのは針のムシロ。そりゃ、きつかった。オレはこのまま親分に許されず、ヤクザ生命終わってしまうんじゃないかと思ったり……。そりゃ懲役よりつらい、四年間の浪人暮らしだったよ。懲役ならつとめさえすりゃ組に戻れるけど、破門というのはどんなに身を律して謹慎してても、戻れるかどうかも覚《おぼ》つかない。逆境といえば、あれ以上の逆境はなかった。いい勉強になったけどね」

なにしろ昔は、ちょっと虫の居どころが悪かったり、気にいらないことがあったりすると、すぐに若い衆に「破門だ！」といいわたす親分も少なくなかったという。有名なところでは、柱時計のネジの巻きかたが悪いというので、年季の入った若い衆に、「破門」を宣告したテキヤの親分もいたというのだ。

若い衆とすれば、たまったものではない。

関東で渡世を張る六十代のM組長も、二十代と三十代のときに二度ばかり破門処分を受けたことがあった。

二度とも組の看板に泥を塗ったとか、不始末をしたからということではなく、若さゆえに少しばかりはねっ返りというか、やりすぎがあったがゆえの処分であった。

二度目の三十代のときの破門は、M組長にもかなりこたえた。すでに三十人ほどの若い衆を持つ身となっていたのだが、彼らは本家預かりとされ、事務所も閉鎖となったのだ。

一回目の破門のときはたった一年あまりで解かれたのだが、二度目のときは二年経っても声もかからず、まるでそんな兆候も見られなかった。もとより間に立って動いてくれる人もなかった。

が、それでもM組長はめげなかった。ひとすらおとなしく謹慎につとめ、極力外出も避け、親分や一家を刺激するような真似はいっさいしなかった。

それは孤独な戦いといってよかった。それまで親しくしていた者たちは遠ざかり、本家預かりとなった若い衆たちのことも、M組長は意識的に寄せつけなかった。

が、彼らとの絆はそんなことで切れるほどもろいものでないことは、M組長にも自信があった。若い衆たちも、親分であるM組長が返り咲く日だけを心の支えにしてひたすら耐えたのである。

M組長にとってつらかったのは、親分が風邪をひいて床に伏したと聞いても、破門された身で見舞いにも行けなかったことだ。

〈オレはなんて親不孝な男なんだ。もし、今度、親分に許されて戻れるようなことになれば、何が何でも親孝行させてもらいますよ、親父さん〉

と誓いもたてていた。

M組長は、自分が不始末をしでかして破門されたのではないという絶対的な自信があったから、親分はいつかわかってくれるはず、いつの日か必ず復帰できるものと信じていた。

が、それにしても、不安は日々募《つの》ってきた。いつまでたっても声がかからぬ不安。いままでガムシャラにやってきたことが無と化し、もしかしたら、このままヤクザ生命は終わってしまうのではないかという不安と焦り。

それをM組長は忍の一字で耐えた。

そんなとき、たった一人、以前と変わらぬつきあいを続けてくれていた、M組長と一番仲のいい兄弟分が、

「焦るなよ、兄弟、ここで焦ったらお終《し》まいだぞ。熱いお湯に入ってるときはジッとしてろっていうだろ。決して動かぬことだ。ヘタに動いたら墓穴を掘ることになるからな。も

う少しの辛抱だ」

と親身なあたたかい言葉をかけてくれたのも、M組長にはありがたかった。実際、それは適切なアドバイスだった。

やがてM組長の元の組織とよその一家との間で抗争事件が勃発したとき、M組長はいてもたってもいられなくなった。

かといって、むろん破門された身で参戦するわけにはいかなかった。

抗争相手は音に聞こえた強豪組織である。何より親分の身が心配でたまらなかったのだ。いますぐにでも親分の警護に駆けつけたかったが、親分の家の敷居をまたぐことはおろか、その傍《そば》に近づくこともできない身なのだ。

「よし、それなら！」

M組長は決意した。親分邸に通じる一本道のところで、木陰に身をひそめて夜通しガードしよう、と。

そこなら誰の目にもつかずにガードできるだろうし、少しでも親分の身を守る手助けができるだろうと考えたのだ。怪しい人間や車が近づいたら、弾よけ代わりに身を挺《てい》して立ちはだかるつもりだった。

M組長はさっそくそれをひそかに実行に移した。一日、二日、三日……とほとんど寝ずの番を続けたのだ。

四日目の夜、事態は急転直下、間に入る者があって話がつき、双方の手打ちが決まった。

M組長もホッと胸をなでおろし、ようやくガードを解き、家にひきあげた。

M組長のこうした行動がすべて親分に筒抜けであったとは、M組長には知るよしもなかった。というより、M組長の気持ちなど、親分にはとうの昔に通じていたのである。親分はすべて見通しだったのだ。

いってみれば、その破門は、親分がM組長に与えた試練といってよかった。

それから一カ月ほど経って、M組長は親分から呼びだしを受けた。

「どうだ、M、少しはこたえたか」

「……」

「戻ってくる気はあるか?」

「――それじゃ、親分、許してくださるんですか」

「ああ、戻ってこい」

「ありがとうございます」

M組長の頬を幾筋もの涙が伝わっていく。

逆境にうち克《か》ったM組長が、その後、どれだけ伸びていったかはいうまでもない。

4　卓抜な交渉術を身につけよ

昨今、ヤクザにとって何が大事かといって、極力抗争を避けなければならない時代となって、なおさら掛けあい・交渉が重大事となってきている。

とくに他組織との掛けあいは、それを成立させるかどうかは死活問題に関わることで、この厳しい時代、生き残るための生命線といっていい。いかに抗争に持ちこまずに安目を売らず、面子《メンツ》を失うことなく、自分たちに有利なままに話をつけられるか、それこそは最大の勝負どころであり、ヤクザにおける掛けあいは、拳銃の弾が飛ばない抗争といっていいであろう。

関東にA組長という広域系三次団体をひきいる親分がいて、掛けあいのすごさを謳《うた》われていた。どんなに分《ぶ》の悪い交渉であろうと、相手が何者であれ、一歩も引かずに巧みにやりあい、最後は必ずひっくり返して勝利を収めるからだった。

あるときA組長に、知人の社長からこんな話が持ちこまれた。

「うちのドラ息子がどこぞのクラブの女から三千万円の借金を背負って返せなくなった。五年前の借金で、その間、息子は一銭も払わず、知らぬ顔の半兵衛を決めこんで、相手に連絡さえいれていなかった。

さすがに業《ごう》を煮やした女が、Bというヤクザに泣きついたから、その取りたてにBが私のところにやってきたのだが、私も苦しくて、すぐに用立てできるもんじゃない。なんとかBと話をしてもらえまいか」

というものだった。

Bというのは、やはりA同様、広域系三次団体の組長であったが、Aとは代紋が違った。

「わかりました。やってみましょう」

とAは請けあったが、誰が考えても一方的に分の悪い話で、交渉次第でなんとかなりそうな話とはとても思えなかった。十のうち一つも理のある話ではなく、本来なら「ごめんなさい」としかならない交渉であった。

が、A組長にすれば、逆にそこにこそつけいる余地があるように思われた。相手側からすれば、圧倒的に有利な立場に立って、ただ金を返してもらえばいいだけの交渉で、それがこじれて抗争になるくらいバカバカしいことはないはずだった。

つまり、相手のほうがこちら以上に抗争を望んでいないのは、明らかであった。

〈よし、それなら、その望まない抗争に持ちこんでやろうじゃないか〉

A組長は肚《はら》を括《くく》った。

交渉は一流シティホテルの部屋で行なわれることになり、A組長は部下を一人だけ連れてホテルに赴いた。

B組長のほうは二人の幹部を従え、三人連れで現われた。

互いに代紋入りの渡世のほうの名刺を交換し、初対面の挨拶を交わすと、B組長は、

「さっそくですけど……」

とすぐに本題に入ろうとする。一方的に有利な交渉であったから、余裕綽々《しゃくしゃく》といった態度である。

だが、その余裕も間もなくA組長によって粉々にされることになる。

「C子さんも困ってるんですよ。Dさんも借りたカネは返してもらわな、いけませんな。こうして借用書もあることですし、どうにもなりませんよ。C子さんのほうでは、利息は

もういいといってますから、元金三千万円、耳をそろえて返してやってください」

とB組長が切りだした。C子さんというのは、A組長の知人の社長の息子Dへ金を借しているクラブホステスである。

これに対してA組長のほうはまともに答えることもせず、のらりくらりとした態度に終始した。

「おい、暑いなあ。ここの部屋、冷房効いてないんじゃないか」

傍《かたわ》らに控える自分の部下に注文をつける。

「はい」

部下が立ちあがって、部屋の空調コントローラーを調べにいく。

B組長は機先を削《そ》がれた格好になった。

「ですから、A組長、今度の件は……」

「まったくDというのはバカ息子でどうしようもありませんな。親父のほうは私も長いことおつきあいさせてもらってよく知ってるんですが、できた人です。まあ、一人息子ということもあって、きっと甘やかして育てたんでしょうな」

「で、組長、そういうことですからね……」

「うん、だいぶ涼しくなってきたな。やっぱりクーラー効いてなかったんだな」

A組長がクーラーのリモコンを調整している部下に声をかけた。

B組長が鼻白んだ顔になった。が、気をとり直して言葉を続けようとすると、A組長、

「おい、このアイスコーヒー、ぬるいな。氷が溶けちゃったな」

再び部下に声をかける。

「はい、新しいのをもらいますか」

「そうだな」

A組長の要望に応えるべく、部下がすぐに部屋の電話をとり、フロントにその旨《むね》を伝える。

「私はどうも汗っかきでね、暑いのは苦手でいけませんや」

A組長、今度は扇子でパタパタ顔を煽《あお》ぎだした。

「……」

B組長、先ほどまでの余裕ある態度もどこかへ消え、次第にいらつきだしている。

「組長、話を進めたいと思うんですがね。今日はどうにもはっきりした返事をいただきたいんですよ」

「まあ、B組長、アイスコーヒーでも飲んでくださいよ。それとも別の飲みものにしますか」

万事この調子である。すっかりA組長のペースになっていた。

「いえ、私は結構です。それより……」

そこへ「ピンポーン」と部屋のチャイムが鳴る音。ボーイがアイスコーヒーを運んできたのだった。

「お、来たか」

ボーイが部屋に入り、アイスコーヒーをテーブルに置くより早く、A組長がストローを手にする。

「おっ、こりゃ冷たくて旨い」

A組長が子どものような顔をしていった。

〈この男はとんだタヌキだな〉

すっかりペースをかき乱されたB組長、ジリジリするような思いになっていた。時計を見ると、もう部屋に入って三十分も経っているのに、話はいっこうに進んでいないのだ。

いつまで経ってもラチがあかないと焦ったB組長、とうとういわずもがなのひと言を口にしてしまった。

「A組長、うちはどなたさんが出てこようと関係ないですよ。たとえ○○であろうとしっかりけじめはとらせてもらいますよ」
○○というのは、A組長の所属する代紋――一次組織の名だった。
と、これを聞くや否《いな》や、それまでののらりくらりとしたA組長の態度は豹変する。鬼のような形相となって、

「何い！　いま、何ていった?!　○○からけじめをとるといったな！　こいつは聞き捨てならんな。A組じゃなくて○○といったな。よっしゃ、上等じゃないか！」

とがなりたてた。

B組長の連れの幹部二人が血相を変えて近づこうとするのを、B組長が押しとどめた。さすがにB組長も、〈しまった！〉と思ったが、あとの祭りである。

A組長がB組長を睨《ね》めつけて、さらに続けた。

「よし、この三千万円は今日にでもきっちり耳をそろえて払ってやる。だが、いまの件はこれとはまったく別だ。○○からけじめをとるとはどういうこっちゃ？　これをはっきりしてもらわんことにはうちは一歩も引かん。いや、もううちだけの問題じゃない。○○本

家の問題だからな。オレは絶対引かんぞ！」

A組長の啖呵《たんか》に、

「何を！」

B組幹部二人がいきりたつが、B組長、自分の失策に気づいているから、

「おまえらはひっこんでろ！」

と部下を怒鳴りつけた。そのうえでA組長に向き直り、

「いや、組長、私の失言でした。こらえてもらえませんか」

「許せん。私のことならいざ知らず、〇〇本家のことをいわれたんだからな。B組長、あんたはうちの本家に喧嘩を売ったんだよ」

「喧嘩を売るなんて、滅相もない。私にはそんなつもりは毛頭ありませんよ」

「Bさん、あんたも極道だろ。極道は吐いたツバは呑めんのですよ。それこそきっちりけじめをつけてもらわなきゃ、私は引きさがるわけにはいきませんな」

たちまち形勢逆転である。

ヤクザはひと言ひと言が勝負であり、言葉の重みはカタギ社会の比ではない。たったひと言のミステークが、交渉の場においては命とりになるという証明のような話であろう。

結局、この掛けあいの結果がどうなったかといえば、三千万円の借金はまったくチャラになったばかりか、B組長はA組長に対してなにがしかの落とし前——詫び料まで払うハメになったという。

〇対十くらいの比率で絶対的に不利な交渉を、土壇場でひっくり返してしまうのだから、A組長の圧倒的な交渉術の巧みさ、すごさは推して知るべしであろう。

交渉というものの要諦《ようてい》は、最悪の事態を想定して肚を括ること、自分のペースに持ちこむこと、いくら優勢の立場にあるからといって、いらざることは決して喋らないこと——といったことになるであろうか。

5　人脈こそ宝である

――縁をおろそかにしてはならない

ヤクザと役者は一字違い、人気稼業という点では同じである――とは、昔から斯界《しかい》でよくいわれてきた言葉だが、確かにそれは真実の一面をいいあてていよう。

都内で渡世を張る関東の広域系三次団体I組のI組長もこういう。

「うちは縄張りというものがありませんからね。人とのつきあい、人脈こそが縄張りだと思ってるんですよ。だから、若い衆によくいうのは、人とのつきあいを大事にしろよ、と。とくにカタギの人にはかわいがってもらってね、信用されなきゃ話にならない。われわれの渡世なんて、カタギの人に応援してもらってなんぼ、人気稼業だからね。とにかく人との縁を大事にしろよ、とは若い衆に口を酸《す》っぱくしていうことだし、私自身、それを一番のモットーにしてますよ」

このI組長、二十数年前、都内で自分の組を立ちあげるとき、不動産屋でアパートを借り、そこを事務所にしたのだが、当初は何かと苦労した。なにしろ、所属する一家の本部は他県にあり、都内のその地に事務所を置くのはI組が初めてだったからだ。

当然、縁もゆかりもない土地で、よその一家の縄張りであるし、誰も知りあいとてなかった。シノギの術《すべ》もなかったわけである。

そんなあるとき、事務所を借りる際に知りあい、仲よくなった不動産会社の社長から、

「Iさん、ちょっと頼みたいことがあるんだが……」

との相談があって、話を聞いてみると、都内のあるビルの一室を貸している人間で、もう十カ月分の家賃を払ってくれない者がいるのだという。なんでもスナックを開業しており、かなり店は繁盛している様子という。

「儲かっているのに家賃を払わんとはけしからん話だな」

I組長は憤慨した。

「どうもオーナーはあなたと同じ稼業の人のようなんですよ」

「ヤクザ者？　なおさらけしからんな。よし、オレが取り立てに行ってやるよ」

I組長、気安く請けおった。いわゆる債権取り立てというヤツである。

さっそくその夜、舎弟を一人連れて問題の店に行ってみると、なるほど客がいっぱい入

っており、流行《はや》っているのは明らかだった。

Ｉ組長は店へ入るなり、

「責任者を呼んでもらおうか」

愛想を振りまいてやってきた女の子に告げた。

「何の用ですか」

でっぷり太った男が、Ｉ組長と舎弟の前に現われた。

「あんたがオーナーか」

「いや、私は店長です。何ですか、あなたがたは」

「オーナーは来てないのか」

「いったい何の用ですか」

店長は傲然《ごうぜん》と二人を睨みつけた。

「おたくんとこ、こんなにお客も入って儲かってんのに家賃を払わないっていうのは、よくない了見だねえ」

「何だと！　こっちへ来てもらおうか」

店の奥へ連れていかれ、人相の悪い男が三人加わった。どうやらそのうちの一人がオーナーらしかった。

「オーナーってのはどいつだ？」

「てめえらは何だ?!」

Ｉ組長より年上と思《おぼ》しき男が凄んだ。

「十カ月分の家賃、きれいに払ってもらおうと思ってな」

「てめえ……オレを○○一家○○組の何某と知っていっているんだろうな」

「何い、この騙《かた》りヤロー！　ヤクザ者がこんなセコい真似するわけねえだろが」

組名を名のってもいっこうにひるまないＩ組長を見て、相手は初めて我に返ったように、

「——あんた、何者だ？」

と訝《いぶか》しがった。

「オレはＹ一家のＩという者だ」

Ｉ組長が名のると、相手のヤクザは途端に態度をガラッと変えた。

「何だ、Ｙ一家さんのところの人か。それを早くいってくれよ」

相手の態度豹変に、Ｉ組長は拍子抜けしてしまったが、それで簡単に話がついた。十カ

月分の家賃をその場で小切手で受けとり、I組長は揚々と引きあげたのだった。

これには依頼した不動産会社社長も、大層驚いて、

「いやあ、あそこからよく取れたなあ。実をいうと、いままで誰も取れなかったんだよ。こいつはたまげた。いや、ありがとう、ありがとう」

と舌を巻くやら感激するやらで、取りたててもらった金額の半分を、謝礼としてI組長にさしだすのだった。それは債権取り立ての相場であったが、I組長は、

「社長、いらないよ、そんなにいっぱい。オレはそんなつもりでやったんじゃないから」

と受けとろうとしなかった。

その態度に、社長が再び目を丸くして、

「Iさん、あんた、ずいぶん変わったヤクザだなあ。債権取り立てのヤクザの報酬は半分って、相場は決まってるんだよ。普通はもっと出せっていうヤツばっかりなのに……」

「いや、いいよ、社長、オレは頼まれたことをやっただけだから。社長に喜んでもらえればそれでいいんだ」

と本当に照れくさそうにしているI組長を見て、社長もヤクザに対する認識を新たにした。

〈へえー、たいしたシノギもなくてカネもないはずなのに……世の中にはこんなヤクザ者もいるんだなあ〉

ヤクザを見直した気持ちだった。社長はこのときからいっぺんにI組長のファンになってしまったのだ。

何かあるたびにI組長に話を持ちかけるようになり、そのつど組長は組長で、誠心誠意、相談に乗り、頼まれたことをきちっとやってのけた。

そのうちに社長は、同業者や異業種の社長連中にもI組長のことを、

「私の最も信頼する友人です」

と紹介したから、I組長は彼らからも、いろんな相談や頼まれごとをされるようになった。もとよりそこでも社長連中が納得するような話のつけかたをしてあげたのだった。

ときにはそのために報酬以上の経費を使って、頼まれたことをやりとげることもあった。それでもI組長は、自腹を切って赤字になったことなど、相手にはおくびにも出さなかった。

I組長に対する信頼は絶大なものとなり、そうしたカタギの社長連中の輪は次第に広がっていった。それはさながらI組長後援会といった趣《おもむ》きがあった。

あるときなど、前出の社長とは別の不動産会社社長から、

「Iさん、いまの事務所じゃ、もう手狭だろう。ちょうど〇〇に空いたマンションの物件があるから、事務所に使ってくれないか。いつもお世話になってるお礼だよ」

との申し出があったほどである。〇〇というのは都心のど真ん中、一等地であった。

「いや、社長、それじゃ悪いよ」

「もう決めたことだから」

バブルのころの話とはいえ、すごい話である。万事こんな調子で、I組長は縄張りもない都内で渡世を張っておよそ三十年、押しも押されもせぬ実力親分として、その地位を確固たるものにして現在に至っている。I組長の場合、まさに人との縁、人脈こそが縄張りであったわけである。


I組長がこう振り返る。

「うちはシマというものがないから、都心のいいところにいても、いまだかつて見かじめ料だとか、カスリとかいうものをどこからもとったことがないんですよ。やはり、私の場合、カタギの人とのつきあいが財産になってます。いままでずいぶん助けてもらいました

よ。彼らから信頼を得ることができたのも、頼まれたことをやりとげ、約束をきちんと果たしたからなんでしょうけど、私の力というより、うちの親分の力、代紋の力が大きかったんじゃないですか。ただ、縁というのは、相手がカネを持っていようがいまいが、力があろうがなかろうが、地位がどうであれ、誰であろうと、一度縁ができた相手には真心を持って接することが大事でね、縁をおろそかにしないということが肝心だと思いますよ」

とはいえ、誰にとってもそれがなかなかできそうでできないことなのである。

もうひとつ、I組長のケースから得られる教訓は、人と信頼関係を結ぶには目先の利益にこだわってはダメだということ。I組長の場合、頼まれたことが厄介な仕事で、経費も大層かかって、結局報酬より高くついたときでも、

「その分、出せ」

などとひと言もいわなかったことが、相手の信頼を克ち得たわけである。つまり、一回きりではない、長いつきあいとなったのである。

そうした〝暴力団〟とは一線を画《かく》した男っぽさ、篤実な人柄が相手にも伝わるのだろう、I組長の交友関係は、事業家ばかりではなく、芸能人からプロスポーツマン、学校の先生、坊さん、弁護士、医師、居酒屋の親父、スナックやクラブのママさん、マスコミ

人、漫画家、作家、サラリーマン……などなど、実に幅広い。

そんなつきあいかたをしている一人、地元スナックのママがこういう。

「最初の六年くらいは、まさかヤクザの親分とは知らないでおつきあいをしてたんです。いつも一人で店にお見えになってましたから。まるでその筋の人には見えないし、そんなことをみじんも感じさせない人で、こっちも知らないから、『ああら、Iちゃん、いらっしゃい』なんて肩を叩いてました。そういうおつきあい。けど、ヤクザの親分だと知ってからも、つきあいかたが変わったわけじゃなくて、まったく同じ。そういう人なんですね」

おそらくI組長がカタギの者に対しては誰であろうと、このような接しかたをしているのだということは、おのずと見えてこよう。こうした姿勢が、豊富な人脈づくりの第一歩となっているわけである。

6　できる男は好奇心とチャレンジ精神が旺盛である

ヤクザ社会でも、好奇心の固まりで新しもの好き、いつまで経ってもチャレンジ精神の旺盛な親分という人はいるものだ。また、そういう親分ほど、つねに前向きでエネルギッシュであるから、えてして渡世のほうでも大変な力があり、伸び続けているタイプであることが多い。

五十代のT組長もその一人で、「たまごっち」が流行《はや》ればいち早くそれにとりくむし、バイアグラのときも世間が騒ぎだす以前に自分でしっかり試して、

「ほう、こりゃ効くもんだな」

などといっている。もとより当人は使う必要はさらさらないのだが、ともかく新しいものはなんでも自分で試してみなければ気が済まないのだ。

変わったイタリアレストランが開店したとか、評判の店の噂を聞いたりすると、どこへ

でも駆けつけていくし、若者たちと一緒に長い行列に並ぶのも厭《いと》わない。だから、

「〇〇市の〇〇ホテルのステーキのコースは最高だ」

「あそこの蕎麦《そば》屋の味は天下一品だ」

といった調子で、あっちこっちの旨《うま》いところや穴場の店を実によく知っている。

好奇心が人一倍強いから、携帯電話やパソコンも、まだ世間に普及する前から関心があり、自分の組にとりいれて使っていた。

ケータイとはいっても、いまと違って、まだショルダーバッグのように肩にかつぐ大型のもので、何十万円とする時代だった。パソコンとなると何百万円で、ヤクザ界で使っている組があるという話は聞いたこともなかった。

T組長はパソコンの知識も早くに身につけ、自在に使いこなして重宝していたが、何よりすごかったのは、全国の組織に関する情報をインプットしていたことだろう。

趣味も多種多彩で、ゴルフ、水上バイク、スキー、書画骨董《こっとう》、書道、盆栽、土佐犬……といれこんだ。すべて半端な道楽の域で終わらなかったのは、根が凝《こ》り性で、とことんのめりこんでしまうためだった。

酒こそやらなかったが、女とギャンブルのほうは大好きで、そちらのほうもそこそこに

楽しんでいた。

だからといって、渡世のほうがおろそかになっているかといえば、そうではなく、広域組織の幹部としてブロックの切り盛り役という要職を担って、日夜、東奔西走、人の倍くらい仕事をしていたのだから、超人的であった。

T組長を知る者にすれば、

「いやあ、組長はいつ寝てるんですか」

と思わず聞きたくなるような活躍ぶりだったのだが、

「たっぷり寝てますよ。われわれの稼業で一番大事なことは健康管理ですからね」

とは、T組長の答えだった。

T組長にとって、何に対しても持ち続ける旺盛な好奇心と絶えざるチャレンジ精神とが、渡世のうえでも大きな原動力となっているわけである。

チャレンジ精神といえば、二十五歳で単身アメリカに渡り、ロサンゼルスで芸術家・実業家として成功を収め、なおかつロス暗黒街の首領《ドン》となった日本人ヤクザがいた。

R・Oという男で、しかも渡米直前の五年間は水戸《みと》少年刑務所に服役し、総番長を張っていたという。まだ昭和三十年代のことで、当時はただでさえ海外へ出ることが難しい時代であったから、前科者の渡米など、なおさら不可能に近かった。

その不可能を可能にした男がRで、子どものころから抱いていた「アメリカへ行きたい」という夢を見事実現させた結果だった。

水戸少年刑務所服役中に、その夢が勃然と甦ってきたRは、いつか、

〈ここを出たら、オレは何が何でもアメリカへ行く〉

と決意していたのだ。そのときからRの目には、舎房のネズミ色の壁がアメリカを映しだすスクリーンと化し、バラ色の壁と変わったという。

が、当時とすれば、それは与太話としか思われなかった時代で、Rをかわいがっていた補導課長さえ、

「シャバへ出たらどうする?」

と訊いてRからその答えが返ってきたとき、

「人が真面目に聞いてるのに何だ!」

と本気で怒りだしたという。だから、出所後一年あまりして、ロサンゼルスからRの手紙を受けとったとき、この補導課長は仰天し、脱帽せざるを得なかった。

出所後、Rがアメリカへ行くためにまず考えたことは、密航という手段であった。その

船を探しに、毎晩のように横浜《よこはま》へも通ったのだが、なかなかチャンスは巡ってこなかった。

そんなある日、たまたま目にしたのが、米グロリア・ソサエティの百科辞典のセールスマン募集の新聞広告だった。一年間、トップセールスマンになったら、アメリカ本社で研修させるというのだ。

「これだ！」

とRのなかで閃《ひらめ》くものがあり、応募すると即採用となって、Rは張りきってセールスに歩いた。

が、さっぱり売れなかったのは無理もなく、なにしろワンセット三百五十ドルという百科辞典である。当時は一ドル三百六十円で、三百五十ドルは十二万六千円、大卒会社員の初任給が一万五千円に満たない時代である。一般の家庭がそう簡単に手を出せる代物ではなかった。

それでもRは必死になって高級住宅街を中心に戸別訪問し、セールスしたのだが、ほとんど成果はあがらなかった。

行きづまった末に、いろいろと思案をめぐらしたRは、ハタと思いついた。

〈こりゃ、誰がやっても売れんだろ。売れるとしても、せいぜい親戚に拝みこんで買ってもらうしかないだろ。……ん、そうか、それをやりゃいいんだ。いや、それをやらせりゃいいんだ〉

自分が売るのではなく、人に売らせるアイデアを考えついたのだ。Rはさっそく、「一組《ワンセット》売ったら一万円の歩合を出す。一カ月三組、三カ月で九組売ったら給料六万円で、会社の支店長にする」

との破格の条件を出し、三大紙の英字紙に募集広告を出した。

すると応募者は殺到し、Rの目論見はズバリ当たった。Rのコミッションは三十三パーセント、つまり彼の雇ったセールスマンがワンセット売るごとに百ドル（三万六千円）が懐《ふところ》に入る仕組みになっていた。

毎日何十人というセールスマンがその気になって働いたから、Rの収入は、多いときで一日一千ドル（三十六万円）にもなり、五百ドル（十八万円）より少なくなることはなかった。

トップセールスマンの座を揺るぎないものにして、およそ八カ月経ったころ、本社の社長がアメリカからやってきた。

「君のノウハウをアメリカでもぜひ研究したい。一年先といわず、もっと早くアメリカに来い」

といい、渡米手続きのいっさいをやってくれるというのだ。

かくてRは、水戸少年刑務所を出所して一年四カ月後には、念願のアメリカ行きを実現させたのである。

果敢なチャレンジ精神が奇蹟を呼び起こしたのだった。なにしろ、当時は山口瞳《やまぐちひとみ》の、「トリスを飲んでハワイへ行こう」

とのキャッチフレーズが生まれたころで、ハワイ旅行でさえ夢のまた夢だった時代である。ましてアメリカ本土へ行くとなると、それこそ日本人には月旅行と同じくらいの感覚があったといっても、決してオーバーではなかったろう。

それをつい一年前まで少年刑務所に入っていた一介のヤクザの青年が、類《たぐ》い稀《まれ》な頭脳と商才で夢を現実に変えたのだから、なんともはやすごいというしかなかった。

Rはアメリカへ渡っただけでは満足しなかった。アメリカでも次々にチャンスをものにするや、瞬《またた》く間に成功への階段を駆け昇っていく。

天賦《てんぷ》の画才を活かし、タペストリー（織物）デザイナーとなったRは、数多《あまた》の一流人士を顧客に得て全米にその名を轟《とどろ》かせたのだ。

一方、彼は〝裏の貌《かお》〟を持っていた。チャイナ系やイタリア系のマフィアがしのぎを削るロスの裏社会を牛耳るボスとして君臨。その胆力と統率力はロス市警をも畏《おそ》れさせた……。

かつて札つきの不良少年といわれ、ヤクザ社会に身を投じ、水戸少年刑務所時代、番長として何百人という受刑者のうえに君臨した男の熱い血は、ロスへ来てもいっこうに冷めやらなかったのだ。

Rのなかで、そうした血のたぎりとアーチスト志向の感性とは、子どものころから何ら矛盾なく同居する馴染みのものだった。

そして「何でも見てやろう、何でも体験してやろう」という旺盛な好奇心とエネルギッシュな行動力、貪欲《どんよく》なまでのチャレンジ精神は、いつだって彼のものであった。それは到底日本ヤクザの枠《わく》に収まるものではなく、狭い日本に留まっていられるはずもなかった。

7　若いうちは少々厄《ヤク》ネタ（型破り）であったほうがいい
――ふつうのヤツがふつうのことしかやらなかったらふつうにしかならない

名をなした親分ほど、若いころは手のつけられない暴れん坊であったり、ワルかったり、必ずしも優等生でなかったということは、往々にしてあるものだ。

若いころから、

「ああ、いい若い衆さんだ。行儀はいいし、紳士だし……」

などと評判をとっていたという親分はあまり聞いたことがない。

いや、むしろひとかどの親分といわれるようになる人ほど、若い時分は枠からはずれていたり、型破りであったり、ともかく他人とは違っていたようだ。

なかにはもっとひどくて、いわゆる〝ヤクネタ〟であったというような親分までいるのだ。ヤクネタというのは厄ネタからきており、始末に負えない問題児、やりっ放しのどうしようもないフーテン――とでもいったらいいであろうか。

が、若い時分はそれくらい変わっているヤツのほうが伸びているケースが多いのは、何もヤクザ社会に限ったことではなかろう。

それはもって生まれた性格のなせる業だけではなく、

「ふつうの人間がふつうのことをやっていたのでは、ふつうにしかならない」

と、某実業家もいっているように、多分に売りだすために意識的にやっていることでもあったようだ。

昔、北海道の小樽《おたる》に〝南海の松〟の異名をとった親分がいて、〝北海道三本松〟と謳《うた》われた親分の一人だったが、若いころから大層変わっていた。

まだ世に知られる前のこと、桜の花が満開のころ、札幌《さっぽろ》の公園で、道内の名だたる愚連隊が集まって花見の酒宴が催されたことがあった。

宴もたけなわになったころ、札幌で売りだし中の愚連隊の一人がやおら立ちあがって、

「オレは何某だあ！」

とビール瓶を自分の頭にぶつけて、ガンガン割りだした。つまり大勢の愚連隊を前にして、

「どうだ、オレはこれだけフーテンだぞ！　おまえら、誰もオレの真似はできないだろ」

とフーテンぶりを誇示しているわけで、これもひとつの売りだしかたには違いなかった。なにしろ集まっているのは、いずれもまだ不良少年に毛の生えたような連中ばかりなのだ。

その連中から、

「おおっ、すげえ！」

と感嘆の声があがる。

すると、その場にいあわせた南海の松が、

「何が何某だ！　ビール瓶を頭で割るくらい、何だってんだ⁉　つまらねえ。よし、上等じゃないか！　オレは南海の松というもんだ」

と立ちあがって上着を脱いだ。ビール瓶を手にするや、同じようにそれを自分の頭にぶつけて割ると、

「それじゃ、オレはこのビール瓶で腹を切って見せる。よく見やがれ！」

と宣言すると、割れたビール瓶のギザギザの部分で本当に腹を切りだしたから、誰もが仰天してしまった。

南海の松の腹から鮮血がにじみだしてくると、皆が驚きを通りこし、固唾《かたず》を呑《の》んでい

る。頭でビール瓶を割っていた男も、すっかり酔いが醒《さ》めたようで、

「わかった、わかった、オレの負けだ。もうやめてくれ！」

とほとんど悲鳴のような声をあげた。

これにはそこに集まった道内の名うての愚連隊連中も、

〈南海の松だって?! とんでもねえフーテンもいたもんだ。こんなバカ見たことねえ！〉

〈こいつはヤバいぞ。本当のヤクネタじゃないか〉

と誰もが肝を潰し、南海の松の名は強烈な印象で胸に刻みこまれることになったわけである。

バカバカしいというなかれ。このパフォーマンスによって、南海の松は嫌でも道内中の愚連隊に顔を売ったわけで、見事な売りだし戦略ともいえた。

人気稼業であるヤクザの世界では、売りだすということがいかに大事なことか、それは役者と同じで、ふつうにやっていたのでは売りだせるわけがないのだ。

この南海の松は、若い時分、もっと仰天するようなことをやってのけている。

あるとき、盛岡の旅館で賭博が開帳され、二十人ほどの親分衆が客として集まった。いずれも業界ではよく名の知られた親分衆ばかりで、南海の松は一番の若輩《じゃくはい》の身であった。

博奕の種類はバッタ巻き（アトサキ）といわれるもので、二階広間で、

「さあ、どっちもどっちも」

と始まったのはよかったが、間もなくして、どこで嗅《か》ぎつけてきたものか、警察の手入れにあってしまう。制服、私服が入り乱れてバタバタと踏みこんできたのだ。

「おい、みんな動くなよ。現行犯だ！」

私服刑事の一人が怒鳴った。

親分衆はいずれも観念し、刑事たちに促されるままに階下に下りていく。さすがに逃げようとしたり、ジタバタする者は誰もいなかった。白い盆布の上には花札や札束《ズク》が置かれたままだ。

と、見ると、まだ残っている男が一人いて、刑事たちが、

「何だ、おまえは？　早く下に降りるんだ」

と呆《あき》れたように命じても、男はすわったまま熱心に札《フダ》をいじっていた。一心に札巻《フダマ》きの練習をしているようだった。

「こいつ！　札《フダ》を置け！」

刑事が怒鳴ると、

「おう、いま行くぞ」

男がゆっくりと立ちあがった。南海の松その人だった。

松は刑事たちを尻目に悠揚《ゆうよう》迫らぬ態度で階段を降りていく。

一階は食堂になっており、南海の松はその椅子の一つに腰をおろした。

「オレはメシ食っていくから少し待ってろ」

啞然としている刑事たちに、悠然と告げた。

「――このヤロー！」

年若い刑事の一人が血相を変えるのを、年配の刑事が押しとどめ、待ってやろうという態度を見せている。

「おばちゃん、ビールとカレーライスをくれや」

南海の松は、大勢の刑事たちが遠巻きに見守るなか、平然とビールを飲み、カレーライスを食べ始めた。

その様子を不快げに舌打ちする刑事もいたが、南海の松はどこ吹く風である。

「おう、うめえわ」

といかにも旨そうにカレーをパクつき、ビールを呷《あお》っている。

やがてきれいに平らげると、松は、

「待たせたな。さあ、行くか！」

刑事たちに向かって大声を発したかと思うと、やおら懐《ふところ》から拳銃をとりだした。米軍軍用銃45口径だった。

刑事たちはギョッとなって立ちすくんだ。

「やめろ！　そんなことしてもムダだ」

先ほどの年配の刑事がいい、制服の警官たちが拳銃を抜いて身構えた。

「拳銃を捨てるんだ！　でないと撃つぞ。たかが博奕《バクチ》、罰金で済むじゃねえか」

年配が説得にかかった。

「バカヤロ、拳銃出したんだ。もう博奕だけで済まんべさ」

南海の松が笑いながら答えた。実は拳銃は本物ではなく、プラモデルであった。

自分の背のところに、裏に抜けるドアがあることを知っており、そこから抜けだす腹づもりである。

「まあ、いい。オレも死ぬだろうが、おまえらも誰かが確実に死ぬことになるぞ。たかがバクチのガサで死ぬヤツはたまらんべさ」

ハッタリをかましながら、南海の松は手にした拳銃をグッと前に突きだした。刑事たちがいっせいに身を伏せる。

南海はその機を逃さなかった。すばやく裏口に通じるドアから脱出、裏の路地に出た。そのまうしろも見ずに駆け抜けると、運よくタクシーが通りかかった。

それを捕まえた南海は一路、青森・三戸《さんのへ》の舎弟の家まで車を走らせ、奇蹟的な逃走に成功したのだった。信じられないような話であった。

博奕に参加した錚々《そうそう》たる親分衆が全員捕まったなかで、南海の松一人だけが堂々と逃げおおせたとあって、この一件はしばらく業界の語り草になったという。南海の松の名は、一段と有名になったのである。

8　何が何でも健康が第一である

「太く短く生きる」――というのが、ヤクザ社会に身を投じるおおかたの信条である。実際、八十歳や九十歳まで長生きする例は、きわめて稀《まれ》に違いなく、一般に極道は短命と相場が決まっている。もし仮に、極道全体の平均寿命を出せば、カタギよりかなり低い数字が出るのは間違いないところだ。

「命をマトにするのがヤクザ稼業。長生きしたくて極道になる者など一人もおらんやろ。朝、笑っていたヤツが、夕方には抗争で死んどるかも知れんのが、極道の宿命。ホンマ、明日の命がわからんのが、この渡世や。ワシも畳の上で死ねるとは露ほども思っとらんわ」

と、関西の組関係者。

とはいえ、極道が短命なのは、何も抗争事件による不慮の死のせいばかりではない。

病気による死も圧倒的に多い。絶えざる神経の張りつめ、ストレス、不規則な生活による不摂生、美食——と、体を壊す条件はそろっている。

ヤクザがいかに神経の休まる暇のない稼業であるか、関東の元親分がこう証言する。

「私がヤクザの足を洗ったのは、四十過ぎてからだったが、本当に安眠ができるようになったのはそのときから。それまでは一日として熟睡というものをしたことがなかった。そして、わずかな物音でも跳び起きてた。熟睡できるようになって、初めてカタギの良さがわかったね」

昭和初期生まれのこの元親分、現役のころはかなり名の売れた親分であったようだが、若いころ、一緒にヤクザを張っていた者でいまも残っている人間となると、ほとんどいないという。

「抗争で殺された者もいるが、覚醒剤やヘロインでボロボロになって死んでいった者も多い。われわれの若い時分は、クスリが出まわっていて、ほとんどの連中がクスリをやってたから。肺結核で死ぬのも多かった。それと、酒。たいていはクスリや酒で若くして身を滅ぼしてしまうんだな」

と元親分。

東京に組事務所を置く六十代のA組長もこういう。

「十年ほど前、体を壊したんですが、やはり若いころの生活がたたってますよ。ともかく寝る暇がなかった。いや、兄ィが寝かしてくれないんです。私の修業時分というのは、夜十時からパチンコ屋で景品買いをやって、それが終わると、夜の十二時から毎日バクチ。下足番やったり、ときには上にあがって札《フダ》まきやらされたり……。アツい客がいると、延延と翌日の夜十時まで続く。で、十時になれば、こっちは景品買いに行かなきゃならない。終わると、またバクチ。それの繰り返しで、二十四時間労働ですよ」

結局、覚醒剤に手を出さなければやっていけない環境にあったわけで、A組長が後年、体を壊す原因となった。

A組長の場合、そうした生活が続いていたころ、組のことで体を賭け、刑務所への服役を余儀なくされたとき、

「これでやっと寝れる」

と、まず思ったというから、すさまじい。A組長にとっては、刑務所が人間ドックかリハビリセンターのような趣きがあったわけだ。

だが、そうはいっても、多くの人にとって刑務所生活は苛酷《かこく》なものに違いなく、刑務所

で健康を取り戻す者よりは、健康を損なう者のほうが多いだろう。

刑務所暮らしを宿命とするヤクザにとって、これまた試練のひとつである。

冬は寒く、夏は暑い。食い物も最低カロリーが保証されているだけのもの。人間、暑くて死ぬことはないが、北のほうの刑務所だと、冬のあまりの寒さにもうアカンと思うほどだ。

シャバに出たら出たで、ヤクザの生活というのは緊張の連続で、ストレスがたまる一方だ。

まず、いったん抗争事件が勃発すれば、下の者はもとより、指揮をとる中堅幹部などは寝ていられなくなる。狙《ねら》う者と狙われるほうとで必死の攻防戦が展開されるのだ。街へ出て酒を飲むこともできないし、家にも帰れない。事務所に籠城《ろうじょう》するか、アジトを転々とする生活が始まるのだ。弾丸が飛び交い、激しい電話での応酬戦も始まる。

「互いに相手の事務所や自宅に電話を絶え間なく掛けてやりあうというのは、昔から西のほうのヤクザ抗争ではやられてきてることだが、ヤクザ地図の変貌があって、西のほうのこうした抗争のやりかたがあちこちに持ちこまれ、勝手を知らないところでは、この電話攻勢に、まず女房が参ってしまったというケースもあった」（事情通）

こうした有事でなくても、ヤクザの日常というのは、交渉事や義理事の連続といってよく、そのうえ身内との出世争いなど、弾丸の飛ばない抗争が絶えず行なわれている。

「これから売り出そうという親分で、三度三度の食事をすべて家族と一緒に女房の手料理で食べるなどという親分がいたら、お目にかかりたい。みな、吹っ飛んで歩いてるもんや。一週間も家に帰らんというのがザラ。義理がけやつきあい、稼業のさまざまな用事が多いんや。どうしてもいつ寝るのかわからんような状態になるし、高級料亭やクラブで飲み食いすることが多くなるから、偏食になる。ヤクザは見栄と面子の世界。メシを食うときだって、栄養やカロリーの配分を考えるなんてことはなく、なんでも最高級のものや。美食と不摂生で体もおかしくなってしまうわな」（組関係者）

ビジネスマンの〝過労死〟が社会問題となっている昨今だが、ビジネス社会以上に苛酷ともいえるヤクザ社会。稼業にうちこむあまりの〝過労死〟の危険性は、つねに横たわっているわけだ。

「いや、われわれが〝過労死〟といったら、カタギさんに対して失礼になる。われわれはあくまで〝遊び人〟のヤクザ者。〝過遊死〟といったほうがいいんじゃないか。所詮《しょせん》は好きで選んだ稼業だ。どんな死にかたをしようと悔いはないが、それでも、病気で死ぬよりは拳銃で撃たれて死ぬほうが本望だがね」

とは、関東の若手組長の弁だった。

十七年間の長きにわたって、持病の心臓病と闘い続けたのは、三代目山口組の故田岡一《たおかかず》雄《お》組長である。

田岡三代目が初めて心臓発作で倒れたのは、昭和三十九年五月、神戸から上京した折のことで、ただちに渋谷のS病院に入院し、検査を受けた結果、診断は狭心症であった。投薬と注射を繰り返し、いったんは小康を得たが、約二週間後、田岡三代目は再び心臓に激痛を感じ、意識不明となった。一時は危篤状態となり、回復は不能と見られた。

だが、田岡三代目の生命力は強靭《きょうじん》で、奇跡的に回復へと向かうのである。

その後、尼崎《あまがさき》の関西労災病院へと転院し、新館五階五一七号室が、以後の三代目の長い闘病生活の場となった。第二外科部長の中山英男医師が三代目の主治医となったことはよく知られている。

田岡三代目の心臓の左心室は石灰質で固まり、血液を送り出そうにも、その部分は動かなかったという。化石と化していたのだ。ちょっと歩くだけでも息切れがしたという。

だが、こうした状態で、田岡組長は十七年間の闘病生活に耐えた。それは不屈の精神力といってよかった。昭和五十六年七月二十三日午後七時三十一分、関西労災病院ＩＣＵ（集中治療室）に設置されたパルスインジケーターが心臓の拍動停止を示し、三代目は逝去した。死因は急性心不全、享年六十八だった。

この田岡三代目のあとを追うようにして病歿したのが、三代目山口組の山本健一若頭。山健組長は持病の肝硬変が悪化して静脈瘤《じょうみゃくりゅう》が破裂、吐血を繰り返し、最後には腎不全も併発して、ついに帰らぬ人となったのだった。その死は、山口組若頭というポストの、並大抵ではない大変さ――いかに心労を伴なう激務であるかを象徴してあまりあるものといえた。

「山健組長の場合、田岡親分の『日本一の子分』を自負して、それこそ獅子奮迅《ししふんじん》の働きをされた。体の頑健な者でもマイッてしまうような活動ぶりで、持病の肝硬変を悪化させる結果となってしまったわけだな」（消息通）

五十代、六十代の親分ともなれば、多かれ少なかれ持病の一つや二つは誰もが持っているものだ。若いころの度を越した無理が、ボチボチと体にあらわれてくるからだ。

肝臓病、糖尿病、高血圧――といったところが、親分衆の三大持病であろうか。

「数年前、肝臓をやられちゃってね。酒の飲みすぎ。まあ、毎晩、ボトル一本は楽に飲んでたから無理もないんだが……。で、あるとき、血を吐いてぶっ倒れてね。病院へかつぎこまれて、GPT（肝機能の数値）を測ったら、正常な人の九倍から十倍高い数字が出たんですよ。正常値で三十から四十なんぼというのにその約十倍。三ケタの数字になったら危険だといわれてるのに、三百なんぼじゃ、これ、危篤ですよ」

というのは、都内の五十代の組長。

日ごろ、肚《はら》のすわっていると評判の組長も、さすがにこのときばかりはびっくりしたという。

医者からは、

「こんなにボロボロになった肝臓で、よく無事でいられたたな」

とまでいわれたというから、いかに重症だったかわかろうというものだ。

このときから、自身の健康は組織にとって重大事だということを改めて悟った組長、ヘルシーな生活をめざすようになった。

この組長、危篤かといわれた状態を乗りきるや、俄然、健康管理に目ざめた。

浴びるほど飲んでいた酒もピタリと断ち、食事から水にまで気を遣い、夜ふかしもせず、たっぷり睡眠をとるようになった。

「クルマと違ってね、人間の内臓器官というのは、取りかえるってわけにはいかないからね。年をとってだんだんと弱ってきてるのがわかんないわけですよ。厄年ってのはよくいったもんでね、たまりにたまった無理や疲労度がそろそろ現われる時期なんだ。そのころには一番気をつけなきゃいけないんだね」

と自戒をこめて語る組長だが、やはり自身も発病したのは厄年であったとか。

だが、前述のように、懸命な健康管理が効を奏して、いまでは、

「病院で検査しても、GPTはもう三ケタを完全に切って、正常値よりいくらか悪いかなという状態ですよ。普通、肝臓は治らないんですよ。それを維持するだけでね。だから、お医者さんがビックリしてました」

と組長がいう。これも日ごろの摂生の賜《たま》ものであろう。

親分衆の健康法はさまざまだ――。

「うちの親分には往生しまっせ。そりゃ、女は好きでっけど、酒もバクチもやらんし、ゴルフなんか見向きもしまへん。何が好きかいうたら、喧嘩なんですわ。それがオヤジの一番の健康法なんですな。なんや体の具合がおかしいな、不調やないうときでも、喧嘩が始まったいうたら、そんなもん、どっかへ吹っ飛んでしまいまんがな。喜色満面。そりゃも

う元気になりまっせ」

とは、西日本の某二次団体の幹部の弁だ。

この組の親分は、六十を過ぎたいまでも喧嘩がメシより大好きという、イケイケの御仁。普段は糖尿ぎみで元気がないのだが、喧嘩が始まると顔の血色までよくなるというのだから驚く。

前出の幹部がいうように、趣味をあまり持たないこの親分にとって、喧嘩が最大の健康法なのかも知れない。ビジネスマンなら、仕事が最大の健康法というようなものであろうか。

だから、普通は若い衆がよそとつまらない喧嘩などしようものなら、大抵その組の親分は怒るものだが、ここは「ようやった」と誉《ほ》めるのが常とか。

似たような親分は関東にもいる。

「私の健康法は稼業を一所懸命やることしかないですよ。どんなに風邪気味で体の具合いが少々おかしくても、抗争事件とか、何か稼業の突発事が起きたりすると、不思議に体がシャンとしてしまうんですよ」

と関東のテキヤ系の組長はいう。この親分も六十を越えているのだが、ゴルフや遊びをほとんどやらず、稼業一筋という真面目派。

若い衆の一人がこういう。

「うちのオヤジはタフですよ。喧嘩《マチガイ》が起こると、真っ先に本部事務所に詰めて二、三日寝なくても平気。われわれとしては心配なのは、ちょっとした揉めごとでもオヤジがすっ飛んで現場へ行ってしまうということなんです。いまだにバリバリの行動派ですからね。どんなときでも自分が先頭に立つ。こちらとしてはそれが心配なんだけど、オヤジの健康法になってるんだね」

稼業に専念してつねに気持ちを引き締める――なるほど、これほどいい健康法はないかも知れない。ビジネスマンもあやかりたいもの。

「どんなに夜ふかしをしても、朝六時に起きるのを日課としている。福沢諭吉《ふくざわゆきち》じゃないけどな。毎朝、木刀で三百回の素振りを欠かさずやってるんだ」（都内の四十代の組長）

「私の健康法は走ることだな。ジョギングだ。一日おきに二、三キロ走るようには心がけてるんだが、なんせ忙しくて、なかなかそれもできない。何日も走れないときがある。だから、そんなときでも最低一キロくらいは歩くようにしとるんだが、それさえできないこともあって、難しいもんや」（関西の五十代の親分）

「オレも遅ればせながらゴルフをやってるよ。けど、あくまで健康とつきあい——親睦《しんぼく》のためだ。うまくなろうとは思わん。ヤクザ稼業そっちのけでゴルフばっかりやってる若いヤツを見かけるけど、こんなのは本末転倒だな」（関東の五十代の組長）

かように親分衆の健康法はいろいろあって、ゴルフ、マリンスポーツ、スキー、水泳、ジョギング、ウォーキング、登山、カラオケ、乾布摩擦、青竹踏み、サウナ、木刀や竹刀の素振り、バッティングセンター通い……などなど。あるいは大声を出したり、趣味にうちこむことが健康法という親分もいる。

それだけストレスが溜まる稼業であるのも確かなところであろう。

9　男の人生を決めるのはいい女との出会いだ

ヤクザは概して女にモテるとされる。兄ィクラスともなると、必ず女の一人や二人はいるものである。しかも、それがときとして女房公認というケースさえあるといったら、信じてもらえるだろうか。

いつだったか、任俠人の自伝出版パーティに出たら、主役の親分夫妻が雛壇《ひなだん》にあげられ、大勢の参列者の前で、友人である年配のお笑い系女性タレントからこんな話を暴露されていた。

「この奥さんは偉いんですよ。先日、親分さんが長い懲役《おつとめ》から帰ってきたんですが、最初によその女性のところへ行くのを許してあげてるんです」

この芸能人は人情味あふれた女性で、親分夫妻ともツーカーの仲だからこういう話もできるのだが、さすがの親分も汗だくである。親分夫妻は二十年以上も連れ添ってきた夫婦というが、まだ若い時分の結婚であるから、夫人もまだ若く充分きれいな女性であった。

その芸能人はさらに、

「どうですか、奥さん。ちょっとひどいじゃないですか。長い帰りを待っている奥さんのもとにまっすぐ帰らないで、よその女性のところで最初を済ますなんて」

とかなりきわどく水を向けると、この親分夫人、

「ええ、でも、たまには外車にも乗せてあげないとかわいそうですから」

とにこやかに応じたものだった。

とっさに愛人を外車にたとえるところは実に機知に富んだ女性で、なかなかこうはいくものではない。つくづくできた女性だなと思ってしまったものだった。

昔から、ヤクザが伸びるためには——売りだしていくためには、その条件のひとつとして挙げられるのは、間違いなくできた女房の存在である、とはよくいわれることである。

カス・ブタを引いたらおしまいなのだ。

もっともそれは、悪妻は一生の不作という言葉があるくらいで、ヤクザに限らず、どこの世界にも通じる不変の真理なのだが、ことに極道の姐さんというのは単に妻という役割だけでなく、大勢の若い衆の母親の役割も果たさなければならないから、なおさら比重は

大きいものとなる。

「この世界で男になれるかどうか、ある意味では女によって決まるといっていい」

と明言する関係者もいるほどである。

テキヤ系I会のI会長は五十六歳。結婚して十年になるという夫人は三十一歳で、親子と見紛《みまが》われるほど歳が離れている。

I会長にとって、夫人との結婚は三度目の正直というところで、二度の離婚体験を経ての再々婚だった。

「いまの女房と知りあったのは、知人の紹介。レストランで初めて会ったんですが、私は一目惚れしてました。その後、何度か会っているうちに、『これなら』と思いましたね。年の割にはずいぶんしっかりしてるんです」

とI会長。I会長と前夫人の間には男の子が一人いて、二人が別れたとき、中学生だった。I会長がその子を引きとり、男手ひとつで中学、高校を出してやり、立派に社会に旅立たせた。

そのあとで、紹介してくれる人があって、現夫人との話が出てきたのである。

「彼女はヤクザに対する知識というのはまったくなかったんですよ。だから、その分、偏見もなかったわけです。私のことも、最初はそんな稼業の人には見えなかったっていってますがね。私も隠すようなことはしなかったですから。つきあっていくうちにわかったんじゃないですか」

二人は約二年の交際期間を経て、結婚を決意。ところが、当然のように、夫人の両親がこれに猛反対した。かけ離れた年齢が問題なのではなかった。娘婿となる男の稼業を知ったとき、仰天してしまったのである。

ごく普通のサラリーマン家庭の娘で、どの家の娘より厳しく育ててきたはずなのに裏切られた——との思いが、両親には強かったようだ。

が、夫人は、そんな両親の偏見からくる反対に対して一歩も引かなかった。I会長に心底惚れきってしまっていたのである。

「親不孝をかけますが、私はこの人と一緒になります」

と両親にきっぱりいいきり、覚悟の程を示した。

そうなると、親もあきらめざるを得なかった。が、二人の結婚を泣く泣く許したはずの夫人の両親も、その後、I会長の人柄を知ることで、むしろそのファンになってしまったという。

I会長がこう振り返る。

「やっぱりうちの女房は芯が強いですよ。それとも、稼業人の女房になって強くなったのかね。よくやってくれますよ。私のいないときなど、部屋住みの若い衆に対して、よその家を訪問した際の礼儀作法といったことなどを教えているようです。

女房は最初、この稼業のことは何もわからなかったですよ。私がとりたてて教えたわけではないんだが、自分で少しずつ覚えていったんだね。若いけど、考えかたが古風な女で、積極的に自分で覚えようという姿勢もあるから、この稼業の理解の仕方も早いですよ。『夫はヤクザ稼業やってるけど、私はヤクザは嫌いだから関係ない』というような態度はみじんもみられない。なんとかこの稼業で亭主に伸びてもらいたい、そのために自分でできることは何だろう――ということをつねに考えてるようなところがあり、そうした気持ちがこっちにもひしひしと伝わってきますよ」

もともと普通のサラリーマンの娘だったのが、ヤクザの親分の妻となり、姐さん業を立派にこなすようになったI夫人。

「この稼業の人と一緒になった以上、抗争事件でも何でもしようがない」

とまで肚を据えるようになったというからすごい。I会長、よほどいい女と巡りあえた

という しかない。

五十歳と脂の乗りきったT組長が、M子夫人と結婚したのは十九歳のときで、夫人は一つ上の二十歳だった。

まだT組長もチンピラ同然の時分で、二人の貧しさは半端なものではなかった。長女を出産したときも、病院代を支払えず、母子は退院もままならなかったことがある。病院代にあてるつもりの御祝儀を、Tが全部使いこんでしまったのである。

「それじゃあ、かわいそうだ」

と見かねて病院代を払ってくれたのが、Tの母、M子の姑であった。貯めていた自分の年金を出してくれたのである。

M子夫人はTと知りあうまで、ヤクザというものをまるで知らなかった。

「全然関わりを持ったこともなかったし、そりゃカタギのほうがいいと思ってましたから。それでカタギになるからというんで一緒になって、お父さんは一年くらいカタギだったことがあるんですけど、根っからこの渡世が好きなんだね。またヤクザに逆戻り」

と夫人は振り返ったものだ。

そのときもTはM子夫人にただひと言、

「オレは今日からヤクザやる」

と宣言しただけだったという。むろん止めて止まるものではなく、以後、この渡世をまっしぐら。

当時のTは年中警察に捕まることが多く、M子はそのつど幼子を背負って面会や差しいれに行くのだが、なかには人情ある刑事もいて、刑事課の取調室の机の上でオムツを替えるのを許してくれたという。

面会に来た夫人に、Tが尋ねることはいつも若い衆や組のことばかり。妻や子ども、両親といった家族のことなど、いっさい話には出てこなかった。終《し》まいには夫人も呆れて、笑いながら夫にこういったものだった。

「お父さん、あんたの女房は私じゃなくて、組やね、渡世やね」

刑務所からくれる手紙にしても同様である。九割五分までは渡世のこと、あとの五分くらいが家族のことに触れてあるだけだった。だが、わずかではあっても、それが無類のやさしさを含んだ内容になっていた。夫の真心がこもっていた。

Tは、女房子どもより渡世が第一、女房より若い衆が大事——と公言する男であった。

だから、T組長は夫人がいる限り、部屋住みの若い衆にもいっさい掃除、洗濯、炊事といったことをやらせなかった。若い衆の下着の洗濯さえ、夫人の役目であった。仮にそんなことをしようとする若い衆がいるときは、Tは夫人を叱った。

「これからええ男になってく者に、女がやるような仕事に手を染めさせるな。掃除や洗濯や炊事やってる時間があったら、ヤクザとしてええ男になる勉強があるんや」

掃除、洗濯、炊事は女の仕事、この三つをやらない女は女じゃないというのが、T組長の考えだった。M子夫人は亭主のあとを黙ってついていくのが女の役目と心得、いっさい不平不満をいったことはなかったが、それでも若いときはカッときて、「私は女房じゃなくて女中か」といってしまったことがあった。

T組長はそれに応えてこういった。

「おまえ、何を勘違いしている。若い衆たちはオレの命と引きかえに命を落としたりすることがあるんぞ。それも裏のおまえの支えがあったり、いろんなことがあってオレの代わりに死んでくれるんだろ。勘違いしたらあかんで。女房の代わりはあっても、若い衆の代わりはないんじゃ」

こういわれれば、普通の女なら怒って家を飛びだしてしまうところだ。だが、夫人は違った。

「それなら代わりのない女房になってやる」

と考え直すところに、夫人の真骨頂があった。

このM子夫人の内助の功もあって、T組長は見る間に頭角を表わしていった。わずか三十二歳という若さで、日本でも有数の名門一家の貸元となったのだから、大変な出世であった。

「お父さん、苦労しがいがあったね」

涙ながらに他の誰よりも喜んでくれたのは、むろんM子夫人であった。

〈オレは日本一の女房を持った〉

T組長はしみじみ思ったものだった。

それにしても、M子を選んだT組長の女を見る目の確かさ、M子とめぐりあった強運とでもいったらいいのであろうか。

女次第で男は伸びる――というのは、まったくその通りである。

10 仕事は与えられるものでなく、自分で見つけ、自分で切り拓《ひら》くものだ

ヤクザの場合、シノギという鉱脈は誰も与えてくれるものではなく、自分の才覚で掘りあて、自分の力で獲得するものと決まっている。

都内で渡世を張る四十歳のK組長は、いまや関東の大組織の直参をつとめる実力組長として知られるが、弱冠二十四歳のときに株式会社を設立、誰にも頼らず、自分の手でシノギを開拓してきた。

しかも、そのビジネスが、トイレにおける芳香剤のレンタルから貿易、洗浄などの補修工事までメンテナンスいっさい——という事業内容の、正業も正業、きわめて堅実なものであった。

そのころはまだ暴対法のボの字も出ていなかったころで、ヤクザの間で株式会社を設立したり、税金を申告したり——という発想はまだまだ希薄だった時代だ。

「ヤクザの生きかたとして、筋を通すところは通しても、これからは絶対〝表〟の顔が必要だと思ったわけですよ。会社を持つというのも、別にゴッド・ファーザーみたいに（笑）、正業持ってマフィアに憧《あこが》れて、というんじゃないですよ。ヤクザ者が当たり前みたいにリンカーンだ、キャデラックだと乗りまわして税金も何も申告しないで、それがいつまでも続くかといったら、アル・カポネが捕まった脱税じゃないけど、通用しない時代が来ることは、僕なりに考えてましたから。

だから、むしろ地味なことをやっていこう、と。その分、稼業のほうで派手にしてればいいんじゃないかと思ったんですよ。会社を隠れミノにして『僕はカタギですよ』というようなズルいやりかたをするという意味じゃなく、ヤクザはヤクザで先行して、会社は会社で堂々とやろう、と考えたわけですよ」

とK組長。

「税金は体（懲役）で払ってる」

というような考えがまかり通った世界で、K組長はかねてから、

「ヤクザであっても税金はきちんと払うべきだ」

との持論を持ち、それをずっと実践してきたのだった。

会計士と税理士に依頼して、会社はもちろんのこと、それとは別に、債権取り立てなどの報酬で個人的に得た収入まですべて申告して税金を払ってきたというから、驚きだ。

「脱税で捕まるのが怖いというんじゃないですよ。それはきれいごとじゃなくて、自分がこれだけ所得したということによって、自分に対する励みにもなるじゃないですか。じゃあ、来年はもっと頑張ろう、と」

会社を始めて五年ほど経ったとき、K組長がちょっとした事件で逮捕されたときも、警察や検事はまずその事実にびっくりしたという。

検事に至っては、事件のことにはまるで触れず、

「君はその若さで、どうしてそんなふうにしてるんだね？」

とK組長の生きかたに大いなる関心を示したとか。

それに対するK組長の答えはこうだった。

「別に意味はないですよ。ただ、ヤクザやっててもこういうことはできるんだということを、これからヤクザやろうという若い連中にも知ってもらいたかったんです。僕自身、何もないところからこの世界に入った人間ですから……。ビジネスのために代紋を背負ったわけでもないし、代紋を利用してビジネスをやってるわけでもない。それでも現実として

稼業とビジネスは両立できるんだということを、まず自分の若い衆に、身をもって教えたかったんですよ」

このトイレの芳香剤のレンタル及びメンテナンス事業のアイデアが、Kに閃《ひらめ》いたのは、まだ部屋住み修業時代のことだったという。

たまたま人に招待され、ある街のクラブで遊んだときのことだ。女の子も粒ぞろいで愛想もよく、店の内装やグラス類も凝《こ》っており、Kも、

「ああ、これはいい店だなあ」

と思わずにはいられなかった。

ところが、しばらくしてトイレに立ったとき、失望せざるを得なくなる。トイレの悪臭が鼻をつき、それまでのいい気分が台なしになってしまったのだ。

「ここまでいい女をそろえ、内装にもカネをかけてるのに、なんでトイレにもそれだけのことをしないいんだろ」

そうKが首をかしげるのも無理からぬところだった。

そこから、

「これだったら、ヤクザの僕であっても、スマートなやりかたで商売ができるんじゃない

か。相手に嫌がられるものを押しつけるんじゃなくて、必要とされるものを供給することになるわけだから」

と、まずトイレの芳香剤レンタル事業のアイデアが生まれたのだという。

かといって、まだ部屋住みの身であるのに加えて、そうした仕事の経験があるわけでもなく、知識はまったくゼロだった。

そこでKは部屋住みの終わる一年半くらい前から、時間をかけて下準備を進めていく。芳香剤はいったいどこから仕入れて、どういうノウハウで経営していくのか、勉強もし、プランも立てたのだ。

かくて四年間の部屋住み修業を終えると同時に、満を持して仕事をスタートさせたのである。Kが二十三歳のときだった。

「最初は芳香剤から始めたんですが、店なり会社なりにひとつ芳香剤を入れることによって顧客ができますね。そうすると、トイレのことは何でもしましょう、二十四時間はオーバーにしても、夜十時ぐらいでもトイレが詰まっておかしいというときには工事もやりましょう——というふうにメンテナンスにまで手を広げていったわけです。そのため、会社組織にする必要も出てきたんですね」

順調に地歩を固めていったわけだが、いざ株式会社にしようというとき、Kのなかで、〈ヤクザの事務所も持ってない人間が、先に会社を持つというのはナンセンスじゃないのか〉

との迷いがあったのは確かである。つまり、会社のほうに力を入れて、稼業がおろそかになりはしないか。かといって、稼業ばかりで会社を顧みなければ、何のための会社設立かわからなくなる。

はたして自分をコントロールできるだろうか――との不安である。

だが、そうした逡巡《しゅんじゅん》も、

〈いや、大丈夫だ。オレは会社をやり、かつそれと並行してヤクザ稼業にも邁進《まいしん》していける！〉

というKの絶対的な自信の前に、たちどころに吹っ飛んでいた。

「考えたらまず行動ですよ。それによって答えが出るんです」

とは、Kの信念である。

こうして二十四歳にして株式会社を設立するのだが、Kがつねに自らを戒《いまし》めてきたのは、会社と稼業を一緒にしないということだった。

そのため、会社のスタッフは、いずれも稼業とはいっさい関係のないカタギのメンバーであり、会社には稼業の若い衆は全然出入りさせていないという。

K自身、社長として会社にいるときは、電話で暴言を吐いたり、怒鳴ったりすることも一度とてなかった。

資本金二百万円で始めたこの会社をステップにして、それから二年後には資本金二千万円で不動産会社を設立。二社とも順調に業績を伸ばして現在に至っている。

だが、最初のトイレの芳香剤レンタル・メンテナンス業を軌道に乗せるまで、Kはなまなかではない悪戦苦闘を強いられた。

「当初は僕が一軒一軒頭下げて、営業にまわったんですよ。正直いって、そのときの僕の人脈というのはたかが知れてますから、どうしても夜の商売が中心。昼は一所懸命稼業に専念し、夕方ぐらいから営業にまわったんですけど、当時、みんな笑ったわけですよ、Kはトイレ屋になったのか、って」

当然ながら、一カ月のレンタル料がたかだか三千円程度の芳香剤であっても、どこもすんなり入れてくれるというわけにはいかなかった。

それでも、Kは何回断られても、ちょっとやそっとではあきらめなかった。十回足を運んで、ようやく十回目にしてＯＫしてくれたところもあったほどだ。

それと反対に、入り口のドアを開《あ》けた瞬間に断られるケースも少なくなく、さすがに悔しい思いをすることも多かった。大雪の夜、当時は車もなかったから、長グツを履いて、商品を入れた大きな紙袋を二つ抱えて一軒一軒まわったこともあったとか。

まだ二十歳そこそこの、まして男稼業を選択するような血気盛んな若者にとって、その我慢は傍《はた》で想像する以上のものがあったに違いない。

「だから、よく会社のスタッフにも、『現役ヤクザのオレでさえ、こうやって頭を下げてやってるんだから、オレが四十五度頭を下げたら、おまえらは九十度下げろ。恥ずかしいことでも何でもないんだから、初めから無理と思うな、あきらめるな』って、いい聞かせてましたね」

スタート当初のスタッフは四人で、営業の経験もまるでないズブの素人ばかりだった。当然、営業のノウハウもわからない。

そこでどうしたかというと、会社に飛びこみで訪れてくる、マルチ商法やら保険、化粧品のセールス、新聞の勧誘員まで、門前払いをせずに、片っ端から会社の中に入れて話を聞くことにしたという。

「で、彼らが帰ったあと、社員に聞くわけですよ。おまえら、何か得たものはあるか、と。すると、『はあ？』というから、バカヤロ、おれが何のためにケーキまで出したのか、わかってんのか。ああいう営業のノウハウを、少しでも教わろうと思ってのことじゃないか。業種は違っても道理は一緒だ。あのバイタリティをわれわれも見習わなきゃいけないんだ、っていってね、ひとつひとつ吸収していったんですよ」

こうした努力が実を結んで、会社の業績が目に見えてあがりだしていったのは、スタートして四、五年後のことだったという。

進取《しんしゅ》の気象《きしょう》に富み、考えたらまず行動、行動によって結果も出る——というKの信念は、会社をスタートさせて間もなくして、早くも東南アジアにもマーケットを開拓しているのだ。

「二十四歳のとき、芳香剤はむこうでどのくらい浸透しているのか、香港、韓国、タイ、インドネシア、ベトナムまで調べに行ったですね。結果、香港に卸すことができたんですが、当時は誰も知りあいがいなかったですからね、右も左もわからずに、一人で行くというのは、正直、最初はしんどかったですよ」

こうしたK組長の行動力、バイタリティ、前向きの姿勢が、稼業においてもいかんなく発揮されていることは、容易に想像がつこうというものだ。

出世街道をまっしぐら、

「Kはトイレ屋になったのか」

といって笑った連中など、及びもつかないようなはるか上をいって、現在に至っている。

11　一に義理を旨《むね》とすべし

関東で渡世を張る名門Ａ一家のＯ総長は、自宅で朝食を済ませたばかりのところへ、幹部のＹの訪問を受けた。

「親分、お話があるんですが……」

とＹがいきなり切りだしたから、

「おう、何だ、Ｙ、改まって……」

Ｏ総長は普段から目をかけ、期待度も大きい幹部の顔を見た。

そのＹの真剣な顔つきが、ただごとでない様《さま》を物語っていた。

「実は親分、今日は私を破門にしていただきたく、お願いに参りました」

とやはりとんでもないことを口にした。

「何だと?!　このヤローﾞ、何てえことをいいやがる！」

といおうとして、O総長はすぐに思いあたることがあった。

「ハハーン、Y、おまえ、あれだな、例の一件だな」

「……」

「隠してもダメだ。X市のQ親分のところへ助っ人に駆けつけようってえ肚《はら》だろ」

「……」

「そうだろ、Y。正直に答えてみろ」

Yはジッと O総長の目を見つめた。それは何もかもお見通しの目であった。

「――はい」

Yが思わず答えると、

「やっぱりな。おまえのことだ。そんなこったろうと思ったぜ」

とO総長は大きくうなずいて、腕を組んだ。

X市のQ親分の一件とは、北関東のX市において、当地に本拠を置くQ組とP組との間でかねて対立抗争が懸念されていたのが、つい昨日火を噴き、Q組の組員一人がP組組員によって射殺された事件のことだった。

P組のほうが圧倒的に強大な組織力を誇っており、全面戦争となって、P組が本腰をいれればQ組潰滅《かいめつ》の危機さえ噂されていた。

A一家は別にP組ともQ組とも何の縁もなく、中立の立場にあったが、幹部のYは、若いころ凶状旅でQ組長に世話になり、恩義がある——と、O総長もかねがねYから聞いていたことだった。

そのQ組長の窮地を知って、Yは矢も楯《たて》もたまらず、おっとり刀で助っ人に駆けつけようとしていたのである。

だが、YはO総長を親分に持つA一家の身内であった。そのYがQ組の助っ人に駆けつけ、P組と一戦交じえたとあっては、後日、そのことがめくれたら、A一家もけじめをとられるのは免《まぬが》れなかった。今度はP組とA一家との抗争に発展するやも知れないのだ。

そのため、Yは、親分であるO総長に、

「破門してください」

と申しいれ、A一家とは何の関係もない身になろうとしているのだった。一家に迷惑をかけまいとの配慮であったのはいうまでもない。

O総長は、一瞬のうちにそうしたことのすべてを察したのである。

「なあ、Y、おまえ、それほどまでにQ親分に義理だてしなくちゃならないのか」

O総長が感に堪《た》えないようにYを見た。

「親分、私はQ親分にはひとかたならぬ恩義があるんです。私はその恩義に対して、いまだに何も報いておりません。まして、いま、その義理ある人が、今日明日どうなるかわからないほどの立場にあるというとき、黙って知らんぷりしてることはできません。親分、どうか、これだけは私のわがままを聞いてください」

Yは必死の面持ちで訴えた。

「Y、てめえってやつは……でも、うれしくってたまんねえな。まだ若いのに、いまどきおまえみたいなバカがいるとはな……」

「義理を忘れたらヤクザはやめろ、いや、男をやめたほうがいい、って、すべて親分に教わったことですから」

「バカヤロー、オレは本当にいい若い衆に恵まれたよ」

「親分、それじゃ、行かせてくれるんですね」

「ああ、行ってこい。おまえの義理を果たしてこい。だがな、どこまでいっても、おまえはオレの子だ。骨はオレが拾ってやるぞ」

「親分、それはいけねえ。破門にしてください」

「バヤカロ、義理を果たそうっていう心がけのいい若い者を破門にしたら、オレが世間から笑われる。あとのことは心配しないでいい。何もいうな。行ってこい」

「親分！……」

Yは手勢の若い衆を連れて、その日のうちにX市へとすっ飛んでいった。

だが、P組とQ組との抗争は、大物親分が間に入ったことで、和解収拾への努力がなされ、急転直下、手打ちと相なったのだった。

Yの出番もなかったのだが、Yの助っ人を知ったQ組長が、

「そんなたいしたことではない義理のために、勝ち目のないうちに助っ人してくれるとは……いまどきそんな若い衆がいたのか！」

と感極まったように、感想を述べたという。

O総長はX市から帰ってきたYを自宅に呼んでねぎらうと、

「オレもな、おまえを見てて、つい昔のことを思いだしてしまったよ。ちょうどいまのおまえと同じ三十代のころだったかな……」

と昔話を語りだした。

O総長が三十代というと、もう四十年近く前のことである。当時はA一家の先代に仕え

る身で、まだ貸元にもなっていない時分であった。

当時、O総長にはたった一人、五分の義兄弟盃を交わした兄弟分のHがいて、「生まれも育ちも別々だけど死ぬときは一緒」と誓いあったほど、男が男に惚れた仲だった。

ところが、この兄弟分Hは、名門博徒一家の身内となったO総長と違って、ヤクザ社会の固苦しさや枠にはめられるのも嫌って、どこの組にも属さず、一匹狼の愚連隊を通していた。それでもって年柄年中、ヤクザ組織と喧嘩ばかり繰り返していた。

そのつどO総長は、兄弟分の喧嘩の助っ人に駆けつけるべく、今回のYとまったく同じように、先代におうかがいをたて、

「親分、おいとまをいただきとう存じます。なんでしたら、あたしを破門になすって結構ですよ」

と許しを得て、Hのもとへ馳《は》せ参じるのがつねだった。それに対して、先代の反応は決まっていて、

「何だ、O、また兄弟分の喧嘩の加勢か。まあ、本当に喧嘩の好きなヤローだな、おまえの兄弟分は。Hといったかな。わかった、兄弟分への義理だて、見あげたもんだ。行って

こい。兄弟分の加勢に行くのは、ヤクザならあたりまえのことだ。破門だなんてバカなこというな。四の五のいうヤツは、まとめてオレのとこが相手になってやるから、おまえも心おきなくやってこい」

　とOを送りだした。

　そのことを懐しく思いだしながら、O総長は、

「まったく兄弟分ときたら、四六時中、喧嘩ばかりやってたからなあ。一本気で筋っぽくて義理固くて、情にもろくて、あんないい男はいなかったんだが、すぐに熱くなってしまう。それでもあのころはまだHのような男が存在できる時代だったんだな。いまじゃ通用しないだろうな、Hのようなスタイルは……」

とYにひとしきり兄弟分の思い出を語るのだった。そのHも、とっくに病気で帰らぬ人となっていた。

「なにしろHの叔父貴は伝説の人ですからね。でも、親分も、あの叔父貴の喧嘩の助っ人で何度か懲役にも行かれたんでしょ」

　Yの目には、畏敬《いけい》の念がこもっていた。

「なあに、一緒に死のうって誓いあった兄弟分なんだから、そんなことはあたりまえだ

よ。小便刑だしな。Hにしたって、あんな義理に厚い男はいなかったよ。うちの先代もほとほと感心してたくらいでな。で、先代がいつもいってたのは、それにひきかえ、あのZってヤローは、あれくらい義理を知らねえヤローはいねえ、ってな」

「Zっていうのはどなたですか？」

「ほら、○○市にいるだろ。もともと愚連隊だった男だが、地元の家名を継承してZ会というのをつくって、結構でかい組になったとこがあるだろ」

「ああ、はい。先ごろ、○○組に切り崩されてバラバラになってしまったところですね」

「うちの先代が生きてたら、きっというだろうな。あんな義理知らずのヤツがつくった組の末路なんか、そんなもんだって……」

「そんなにひどかったんですか？」

「ああ、戦後間もないころ、うちの先代のところには、いろんな旅人が草鞋《ワラジ》を脱いだんだよ。先代の俠名を聞いて飛びこみで訪ねてくる人も多かったそうだ。先代は誰彼なくずいぶん面倒みたらしい。なんてったって、大変だったのは姐さんだよ。旅人を世話するために、自分の着物から何から、果ては簞笥《たんす》の引きだしまで質屋に入れたっていうからな。なかには一カ月も二カ月も逗留する旅人もいたっていうから」

「はあ、そりゃ大変だったでしょうね」

「Zもそうしたうちの一人さ。先代とは縁も何もないのに、やはり飛びこみで来たらしい。ろくに物も食っとらんようなヨレヨレの格好で来たそうだ。先代と姐さんはそれこそ親身になって面倒みたんだな。このZがまあ図々しい男で、二カ月ぐらい長逗留を決めこんでたそうなんだが、その間、姐さんはこいつが女と遊ぶカネや賭場へ通う小遣いまで渡してたっていうから、いい根性してるよ」

「まったくですね」

「で、Zのヤローは、それだけさんざん先代に世話になっておきながら、地元へ引きあげてからも、礼状一本寄こさなかったそうだ。そのうちに偉くなって、名門の一家の代目《だいめ》を継承するというときも、本当なら先代のところへ挨拶に来て、『その節は大変お世話になりました。お陰さまでこうして名門〇〇一家の代目を継承することができました。ついてはぜひ親分に継承披露においで願えればありがたいのですが』と筋を通すのが、男の道というもんだろ。それをZはしなかったばかりか、その継承披露の案内状が送られてきただけだ。いわゆる〝投げこみ〟だな。さすがに先代も怒りなさってな、『そんなもん、誰も行くことはまかりならん』ってな」

「とんだ義理知らずっていうより、恥知らずですね」

「まったくいくら愚連隊あがりだからって、あれほど義理を知らねえヤローはいねえ、あんなのばかりのさばるようになったら、ヤクザも終まいだ——って、先代はかねがね嘆いてたな」

「今回、あの組がバラバラになってしまったのも、当然の末路かも知れませんね。やはり世間が許さないということでしょうか」

「まったくだ。同じ愚連隊あがりでも、Zのヤツに比べれば、先代がオレの兄弟分Hの義理固さをいつも絶賛してくれてなあ。オレは鼻が高かったよ」

「親分、そりゃ比較すること自体、叔父貴に失礼ってもんですよ。確かに叔父貴は早くに亡くなりましたけど、その若い衆さんたちは、皆さん、立派な親分になってらっしゃいますからね」

何にせよ、一番大事なことは義理である——ということであろう。

12　できる男は遊びにも全力を注ぐ

「どんなに忙しいときでも、週二回、十キロのジョギングは欠かしたことないですよ。なぜかって？　草野球をやる体力をつくるためです」

と笑顔で話してくれたのは、都内で渡世を張る四十七歳のQ組長。

Q組長はある草野球チームに所属して本格的に野球にうちこんでいるというのだ。

「チームのメンバーはみんなカタギの人。ヤクザは私だけです。スナックの常連客によって結成されたチームなんですが、私もときどきその店に行っていたもので、マスターに紹介されて入れてもらったんですよ。マスターは私の稼業のことを知ってますが、他のメンバーは誰も知りません。何か不動産関係の事業をしているおっさんとしか思ってませんよ（笑）」

このQ組長、背番号22番、ポジションはレフトで、打順は五番か六番を打つことが多いというから、結構スラッガーなのだろう。チームメイトは三十代や四十代の者が多く、試合は毎週土曜日、オフは一月二月だけで三月開幕、毎年年間四十試合は行なうというから かなり本格的な草野球チームだ。結成して七年という。

Q組長、やはり稼業のことを最優先しなければならないので、義理ごとや抗争《マチガイ》などの突発事があれば出られないが、それ以外は極力試合に出るように心がけているから、そこそこ高い出席率になっているという。

ちなみに去年は、チーム試合数四十三試合のうち、二十七試合に出て、八十六打席、七十八打数、二十三安打で打率二割九分五厘、四球七、犠飛一、打点十五、盗塁十一――というなかなかの成績であった。

「その前の年は三割打ったんだけどね。入れてもらってもう五年になるかな。チームメイトは皆いいヤツばかりですよ。そんなに強いチームじゃないし、うまいヤツばかりじゃないんだけど、ともかくみんな一所懸命やるからね。真剣にプレイするし、適当に手を抜いたり、ふざけるヤツは誰もいない。そこがたまらなくいいんだね。私なんか、いまややみつきでね、稼業は別にして、それ以外だったら、この草野球を最優先させてスケジュールを組んでますよ」

病膏肓《やまいこうこう》に入るというヤツであろう。

Q組長、もともと野球少年であったという。同世代の野球少年のほとんどがそうであったように、やはり王《おう》、長嶋《ながしま》に憧れてめざめ、人一倍野球好きになったのである。

だが、家は貧しく、グローブも買ってもらえなかったし、家の手伝いやもろもろのアルバイトに追われて少年野球チームはおろか、中学の野球部に入ることもままならなかった。

〈ああ、野球をやりたいなあ〉

とのQ組長の熱烈な思いも、家庭の事情の前には、断念せざるを得なかったのだ。同級生たちがグラウンドで汗と泥にまみれ白球を追う姿に指をくわえ、家路を急がなければならなかったわけである。

Q組長は中学を卒業後、ヤクザ社会に身を投じるや、持ち前の負けん気と根性、あるいは身を削る努力でグングン頭角を表わし、三十代で自分の組を持つまでになった。四十代になるとさらに手腕を発揮し、上部団体の執行部入りするほどの実力者となった。もとよりここまで来るのには、何度か体もかけ、懲役もつとめた。

そんな押しも押されもせぬ実力親分のQ組長が、あるとき出会ったのが草野球だったの

である。きっかけは行きつけのスナックのマスターから、

「Qさんもうちの草野球チームに入りませんか」

と誘われたことだった。店の常連客でつくっているチームで、マスターが監督をつとめていた。

マスターは、Qがときどきバッティングセンターに通っていることも知っていたし、何よりQの野球狂ぶりを知っていたからだった。

「えっ、オレみたいのでもいいのかい」

「ええ、Qさんなら全然構いませんよ」

Qがヤクザであることを知っているのは、店ではマスターしかいなかった。

なにしろQは店へはいつも一人で来て、若い衆を連れてきたためしもなく、ヤクザのそぶりさえ見せなかった。外見もまったくヤクザには見えなかったし、カタギ以上に人に気遣いのできる男であった。マスターはそんなQを信用しきっていたのである。

「けど、オレはもうこんな歳だし、野球なんかもうずっとやってないよ」

「平気、平気。うちにはQさんより歳とってるヤツも何人かいるし、そんなに野球がうまいのもいませんから」

半ば強引にマスターに引っ張られて、Qはその草野球チームに入ったのだった。

結果、他の誰よりも夢中になり、やみつきになってしまった。それは少年のころにできなかった夢の実現でもあった。

「Qさんて、野球少年だったんですね。それに結構うまいし、パワーヒッターじゃないですか。若いヤツらがみんな感心してますよ、あんな歳なのにタフだし、よく頑張るな、って」

マスターが感嘆の声をあげていったものだ。

「いやあ、マスターには感謝してるよ。子どものころの夢をいまやっと実現できてるような気がするな。土曜の試合の日が近づくと、ワクワクしてきて、前の晩、寝れないんだよ。まったく子どもと一緒だ。土曜が雨だとガッカリきてね」

とQは満更でもなく答えた。実際、試合の前日には酒も控え、暇を見つけてはバッティングセンターに通って、百球ほどの打ちこみも欠かさなかった。それほどに全力を注いでいたのである。

かといって、Q組長、その分、稼業のほうがおろそかになったかといえば、逆だった。

草野球をやる以前にも増して稼業にうちこんで手腕を発揮、上層部の評価も日増しに高くなっていた。

となると、むしろ道楽であるはずの草野球がストレス発散となり、稼業のためのエネルギーとなっているのかも知れない。

まことにできる男は遊びにも全力を注ぐのである。

同じようなケースは多々ある。親分衆は一様に多趣味多芸ぞろいだが、スポーツにおいてもいろんな種目に異才を発揮する親分は少なくないのだ。

最もポピュラーなのはゴルフで、もうずいぶん前から、

「定例会のときなど、極道が何人か集まればゴルフの話や。昔はバクチの話と決まっとったもんやがな、いまはゴルフもやらん者は話の輪に入れんような始末や」（関西の親分）

との話も伝わってくる。

むろんゴルフばかりでなく、ウィンタースポーツやマリンスポーツに、親分衆は寸暇をさいて汗を流している。

きわめつきは北九州に本拠を置く四代目工藤会の溝下秀男総裁。そのスポーツ万能ぶりには驚かされる。

ヤクザの世界へ足を踏みいれる前は、街のボクシングジムへ通い、世界チャンピオンを

めざしていたというが、もともと中学のときからスポーツ何でもござれだった。高校のときには、柔道、相撲、駅伝、ラグビーの選手として駆りだされていたほど。

プロボクサーの夢を断念してヤクザになってからも、流行に先駆けてオートスポーツに取り組んだりしている。単車でアフリカ縦断を敢行したというから半端ではない。

そのうえハンティングにも熱中し、カナダで熊を撃ち、南米アマゾンではカヌーに乗ってライフルでワニを撃ち、東南アジアでは反政府軍のゲリラと一緒に野豚狩りを行なったという。ちなみに、まわった国は世界五十三カ国とか。

他にもゴルフ、テニス、スキー、野球、ジェットスキーとこなし、いずれも一級の腕前を誇るという。ゴルフはハンデ二までいったというから、シングルプレーヤーもいいところだ。

九州の某会長も、高校時代はサッカーで国体へ行ったという経歴を持つ親分。スポーツ万能ぶりはいまも変わらずで、いつも顔を真っ黒に日焼けさせているのは、ゴルフやスキューバ・ダイビングに凝っているため。

ゴルフは国内に飽き足らず、韓国まで出かけてプレイするほど。また、スキューバ・ダイビングは天草《あまくさ》の海がホームグラウンドで、暇さえあれば沖へ出て潜っている。会長が潜る場所に生息する魚の約八割は熱帯魚であるという。色とりどりの熱帯魚の泳ぐさまを海中で見れば、しばし渡世のことも忘れて息抜きができるのであろう。

こうしたスポーツだけでなく、親分衆が多趣味多芸ぞろいであることは前述したが、書画骨董《こっとう》の世界でも、玄人《くろうと》はだしの域に達している人は少なくない。斯界《しかい》では知られた陶芸家であったり、古美術研究家であったりするのだ。

そして、そうした趣味・道楽の世界で一級の人というのは、えてして本業の渡世のほうでも、一流といわれる親分たちであるというのはなんとも不思議なことである。

13　他の者がやらないような独自の発想・着眼・アイデア・開発で、己の道を切り拓け

昨今は博徒もテキヤも一括して〝暴力団〟といわれる御時世である。昔ながらの縁日や祭礼、いわゆる高市《タカマチ》で商売一筋に生きる生粋《きっすい》のテキヤ人も少なくなった。

が、世間でいう〝暴力団〟的な要素をいっさい持たず、テキヤの伝統を脈々と受け継いで、高市の商売《バイ》だけで生計をたて、祭りの郷愁を演出し続けるテキヤ人が存在するのも確かだ。

昔からテキヤ社会にはユニークな逸材も少なくないが、私がかつて出会ったとびっきりの変わりダネといえば、およそこの稼業には間違って飛びこんできたとしか思えないような、芸術家タイプのテキヤ人がいた。

なにしろ東京芸術大学出のインテリ、しかも同大学院中退というのだから驚いた。

関東の名門テキヤ一家の一門に所属するM氏で、私が会ったのは平成に入ったばかりの

ころで、氏は四十五歳のバリバリの時分だった。

M氏は大学院中退後すぐにテキヤ社会に入門したわけではなく、もともと蠟《ろう》人形師として斯界ではかなり知られた存在だった。東京芸術大学時代の専攻である彫刻の世界に進んだのだから、当初は異端とはいえ、順当なコースを歩んでいたともいえる。

氏によれば、

「彫刻というと、オブジェとかブロンズや石こうでしょ。そうじゃなくてね、普通の人がわかりやすい、興味のあるものをつくりたいということでね、蠟人形をつくり始めたんです」

ということだった。

蠟人形師としての作品のテーマは一貫して、日本人の生活風土に根ざす大衆の怨念・猟奇的三面記事・女性週刊誌的ゴシップの世界、あるいは淫靡《いんび》な衛生博覧会風なものになった。おのずと作品は、処刑、強姦、性病などを扱ったもの、美女の裸体や血を流す生首といったおどろおどろしい世界が展開された。しかも、驚くほど本物そっくりとあって、話題を呼んだこともあったようだ。

「非常に生々しいエロ・グロ・ナンセンス的なものをやってたわけです。で、ある程度の評価を受けたんだけど、悲しいかな、誰も買ってくれないし、生活が成りたたないんですよ」

とM氏。

そこで思案をめぐらしているうちに、ハタと思いついたのは、

「これを素材にして見世物小屋の親方として、日本全国、祭りから祭りを旅して興行をうつというのはどんなもんだろうか」

とのアイデアであった。

だが、それは素人が勝手にできるものではなく、明らかにテキヤの領分であった。その興行をうつには、しかるべきテキヤに仁義を通してやらせてもらうか、自らが興行系のテキヤの一門に連なってやるしか道はなかった。

そこでM氏は、あまり迷うことなく、まったく未知の世界であるテキヤ社会への入門を決意するのだから、やはりかなり変わっている。

興行中心のテキヤとして名高いD一家二代目Y親分の盃を受けたのである。氏が三十五歳のときだった。

かくてM氏は蠟人形四十数体、会場となる四十坪の真っ赤なテント小屋一式、さらには

寝小屋及び世帯道具一式を大型トラックに満載し、若い衆を連れて旅暮らしが始まったのである。

「太夫元《たゆうもと》といって、親方の資格をもらって、若い衆を何人か引き連れて、北海道から鹿児島まで日本中を旅しましたよ。興行全盛のころだったら、私らのような素人《ネス》が、『すいません、小屋を一本つくりたいんですけど』といっても、ダメだったと思う。興行の衰退期だったから、こりゃ、ひょっとしたら面白いかも知れない、というんで特別にやらしてくれたんじゃないでしょうかね」

とM氏は振り返ったものだった。

この氏の見世物小屋＝蠟人形館の一座に真っ先に加わったのが、芸大時代の後輩で、三歳年下のS氏であった。

まるでテキヤ社会の住人には見えず、美術の先生という雰囲気だったS氏が語ってくれたのは、

「Mさんから、『一緒に旅をしてみないか』と電話がかかってきたんです。ああいう芸大のような大学を出ても、やることないから、そのころ、僕はアルバイトしながら暮らしてたわけです。で、話を聞いたら、面白そうだな、いまじゃないとできないなと思って、一

緒にやらせてもらうことになったんです」

というこことで、S氏もまだ三十を少し出たばかりの時分だったという。

ただ、芸大出身の芸術家タイプの二人、テキヤ社会というまったく異質の世界、百八十度違う世界へ飛びこんで、何かととまどいがあったのも無理からぬところだろう。なにせそれまではロダンがどうの、ダ・ヴィンチがどうのと芸術論を戦わせていたのが、いきなりりやれチャクトウだ、ショバ割りだ、ローズを通せだの、メンツーがどうだ——といった独特の隠語が飛びかう世界へ入りこんで、最初はさながら不思議の国のアリス状態であったようだ。

「そういうしきたりとか、若い衆としての修業の経験がないから、口のききかたも知らないわけですよ。いままでの普通の人間の常識しか持ってないでしょ。こういう稼業の常識ないから、ずいぶん気を遣って、とまどいっ放しだった」

とM氏がいえば、S氏もこう振り返っていた。

「怖かったねえ（笑）。最初は言葉も通じないし、もうどうしていいかわからなかった」

結局、この蠟人形館の興行を六年ほどやった末に、ピリオドを打ったのも、ひとつにはそうした稼業上のしきたりに馴染《なじ》めなかったこともあったようだ。

「最初の一、二年は多少間違いを犯しても甘い目で見てくれたけど、五、六年経ってくると、『Mさん、あんた、何でそういうつきあいの常識がわかんないの』と怖い目にも何度かあったんでね、ちょっともうやっていけねえな、と思ってね」

と同時に、蠟人形館を辞めた一番の理由は、それほど儲からず、経済的にも体力的にも苦しくなったからだった。

「かといって、せっかく旅の面白さもわかってるし、もう普通の世界へ戻りたくないし、戻れない。だったら、もっと一人でやれるものはないかといろいろ思いを巡らしたんです」

とM氏が考えているうちに、行きあたったのが、もともとは彫刻家である氏にはぴったりのものだった。

飴《あめ》細工である。これには相棒のS氏も膝を叩いた。これこそ彫刻家の二人が存分に腕をふるえるネタであったからだ。

飴細工はどの高市でも、すぐに人垣ができるほど人気の高いネタである。その分、誰にでもできるものではなく、高度な技術と感性とが要求された。いわば二人は自分たちの才能を生かせるテキヤの伝統芸に行きついたわけだ。

そんななか、M氏は、飴細工をやり始めて三年ほど経ったとき、ある高市で、たまたま隣りあわせた絵を売るフランス人から、

「それ、面白いな。フランスでやったら絶対売れると思うよ」

と指摘されたのだった。

M氏も最初は気にもとめなかったのだが、数ヵ月後、別の高市で同じフランス人とバッタリ再会して、また同じことをいわれるのだ。

〈これも縁かな……〉

感じるところがあって、M氏は急にフランスで商売したくなった。思いたったが吉日——で、間もなく渡仏し、向こうで飴細工の商売を始めたところ、やはり珍しがられ、人気が出た。半年間、日本へ帰らず、フランスで商売することになった。

翌年もまた日本での正月の商売を終えると、渡仏し、八月まで半年間、当地で飴細工の商売にいそしんだという。

その後もM氏は、日本ばかりでなく、やはり毎年フランスで飴細工の商売を続けているのだろうか。

いずれにせよ、きわめつきの異色稼業人としていまも鮮明に印象に残っている。

蠟人形館といい、飴細工といい、M氏独自の発想と着眼から生まれ、感性と技術とで花開いたヒットといっていいであろう。

高市のヒット商品というのも、こうしたテキヤ独自のアイデアや開発から生まれるケースが多いという。かつて爆発的にヒットした夜光リング、食べ物でいえばカレー入りタコ焼き、卵入りお好み焼き――などがいずれもそうした例であったとか。

やはりどの世界でも大事なことは、オリジナリティということであろうか。

14 〝女〟の落とし穴はこうして切り抜けろ

いうまでもないことだが、ヤクザ社会は危険がいっぱいである。ヤクザという生きかたを選んだときから、つねに危機は目の前にあり、カタギ以上にしばしばいろんな局面でピンチに立たされることにもなるだろう。

なにしろ、いま笑っていても、明日、いや、一時間後には懲役へ行かなければならないハメになるかも知れないし、場合によっては死をも覚悟しなければならない稼業なのだ。いわば、命をマトにした稼業である。

「ヤクザになった以上、それはしょうがない。ハイリスク・ハイリターンでね、そんなリスクがある分、同年代のサラリーマンが逆立ちしてもかなわないような見返りもあるわけだな。二十代でベンツにも乗れるし、カネも女も力も手に入れることができる。本人の努力と運次第でヤクザドリームを実現できるわけだ」

とは、関東の広域系三次団体の組長の弁だ。

この組長がこう続ける。

「けど、いまの若い連中に、ヤクザが命をマトにした稼業だなんて意識はあんまりないんじゃないかな。実際、いまのヤクザが命を賭《か》けてるかっていえば、よっぽどスチュワーデスのほうが命を賭けてるんじゃないかね。現実にヤクザも抗争で死ぬよりも、別の理由でコケてしまうのが圧倒的に多いわけだから。サラリーマンと同じでね、むしろ落とし穴は酒、女、ギャンブル、借金《カネ》、覚醒剤《シャブ》……といったそっちのほうなんだね、本当の危機というのは。あたら実力があっていいところまで行っておきながら、これからというとき、みんなそれで潰《つぶ》れてしまうんだ。われわれの世界も、そっちのピンチを乗りきったヤツが最後に勝つんだよ」

外敵よりむしろ内なる敵のほうが厄介だということであろう。

ヤクザの場合、組に多大な迷惑を及ぼすような不始末をしでかした者には、謹慎、指詰め、降格、破門といった厳しい処分が待っている。ビジネスマンの左遷やリストラに値するものであろう。

では、こうしたピンチに立たされたとき、ヤクザはそれをどうやって乗りきっているのだろうか。

まず、落とし穴の最たるものといえば、〝女〟。昔、ビジネスマン役のタレントが、小指を立てて、

「私はこれで会社を辞めました」

というテレビCMが流行《はや》ったことがあったが、ヤクザの場合も、女でしくじるケースは昔もいまも往々にしてあるという。

組関係者によれば、

「女は魔物だね。シャブより始末に負えないよ。組のために体を賭け、何年も懲役をつとめたような若いヤツが、出てきてから女にボケてしまって骨抜きにされたり、もっとひどいのは、五十過ぎの最高幹部が飲み屋の女にイカれちゃってカタギになったなんてケースもある。で、彼らが女と一緒になってうまくいってるかといえば、決してそうじゃない。魔性の女とはよくいったもんでね、これからって男を潰してしまうんだから、ヒットマンより怖いよ」

女がえてして躓《つまず》きの石、出世の妨げになりかねないことは、カタギもヤクザも同じというわけである。もしかしたら、対立組織《ライバル》を切り崩すために相手幹部に女を仕掛けるなどと

いう戦術は、どちらの世界でも行なわれてきたことなのかも知れない。

では、そのピンチをどう切り抜けたらいいのか。

そのためには、惚れた女が、出世の足を引っ張り転落させる〝魔性の女〟なのか、それとも自分を伸ばしてくれる女なのか、深入りする前に見極めるしかないわけだが、それは至難の業というもの。やはり鉄の意志も必要だ。

広域系二次団体A組の若頭をつとめるBは、現在三十九歳。二十三歳から三十二歳の十年間のうち、二年間を間にはさんで四年、四年と二度の懲役刑をつとめ、合計八年間の刑務所暮らしを余儀なくされた。二度とも抗争事件で組のために体を賭けた結果の懲役であった。

その間、Bには二度の結婚と離婚歴とがある。「女房か稼業か」という二者択一を迫られたとき、Bは二度ともヤクザのほうを選んだ結果だった。

最初捕まったとき、すでにBは妻子持ちの身で、その夫人と父親が、Bの親分であるA組長のもとにやってきて、

「子どももいます。どうかうちの人をカタギにさせてください」

と訴えたから、A組長も、

「わかりました。本人がそれでいいというんなら、そうしてください」

と二人を拘置所のBのもとへ連れていった。

「B、おまえのことだ。カタギになっても頑張れるだろ。これから女房子どものために生きるのもよし。それはおまえが選べ」

とA組長がいったところ、Bの返事は、その場で、「離婚」というものだった。Bは妻に、

「オレはヤクザが好きでこの道に入ったんだ。それを知ったうえで、おまえもオレについてきたんだろ。おまえのことはオレも好きだ。だけど、そんなことを思ってる女とは一緒に暮らせないから出てゆけ」

といい放ったのだった。

この最初の刑をつとめ終えて出所したのが二十七歳のとき。それから二年間のシャバ暮らしのなかで、Bは新たな恋をし、その女性と一緒になった。

が、再び体を賭け、懲役四年の刑が待っていた。女にとって、四年の歳月はつらいものだ。面会に行ってもつい口をついて出てくるのは、

「カタギになってほしい」

という言葉だったから、二人の間に次第に波風が立つようになっていた。

「そんな女いらない。オレもヤクザで生きてるんだから、ヤクザが好きな女でなきゃダメ

だ」

とBは面会室で彼女の願いをにべもなくはねつけた。

彼女は出所直前の面会を二カ月行かなかった。やがて出所の日、A組長とともに彼女はBを出迎えたが、二人の間は、傍目《はため》にももどかしかった。

Bの妻を不憫《ふびん》に思ったA組長、翌日、一緒に上京すると、二人に洋服や靴などを買ってやり、ともに食事をしたあとで、

「二人でじっくり話しあえばいい」

とホテルのスイートルームをとってあげたのだった。

その夜、二時ごろ、Bは同じホテルに泊まったA組長の部屋を訪れ、

「親父、ありがとうございました。私、これから朝一番で女房《あいつ》の実家へ行ってきます」

「結論出たのか？」

「ええ、帰ってから話します」

結局、Bは彼女と別れることにし、その挨拶に親元にも出かけ、貯めていた金をすべて置いてきたのだった。

「苦労かけた。遠まわりさせたけど、悪かった。もう会わないから」

と彼女にはその夜、告げたのだという。

「おまえ、彼女、抱いたのか？」

とA組長が訊くと、

「とてもそんな気にはなれませんでした」

とBは答えた。

〈こいつはたいしたもんだなあ……〉

Aは自分の若い衆でありながら、唸《うな》らざるを得なかった。

「女に心惑《まど》わされたりしないヤツなんですね。自分の生きかたに対して、それだけの信念持ってるんですよ。私も真似できないんじゃないかな。私なんか、女房子どもにそういわれれば、心がグラグラッとするだろうからね」

とA組長もしみじみと述懐したものだった。

このBのような男なら、どんな絶世の美女が現われようと、どれほど濃密なお色気フェロモンをまき散らす魔性の女に誘惑されようと、むざむざと籠絡《ろうらく》され、己を見失うことはまずあるまい。女によって人生のピンチに立たされることだけは、間違ってもあり得ないのは確かであろう。それを支えているのは、己の生きかたに対する信念というものであろうか。

二章　リーダーはいかにあるべきか

——組織力アップのこれだけの方法

1 勇将の下に弱卒なし

――リーダーは強くなければならない

戦う組織のリーダーというものは、羊《ひつじ》であってならないのは自明の理であろう。羊のリーダーが百頭のライオンをひきいていたとしても、ライオンがひきいる百匹の羊軍団に勝てないとされるからだ。

ダメ虎を猛虎に変えた阪神タイガースの星野《ほしの》仙一《せんいち》監督の例を持ちだすまでもなく、それほど組織にあってはリーダーの存在が大きく、その手腕が勝負を決することにもなる。強いリーダーが望ましいわけである。

ヤクザ組織ともなるとなおさらで、一家の浮沈興亡のカギを握っているのはひとえにトップであり、組織が大きくなるも滅ぶも親分次第であるということが、これほど顕著な世界も珍しい。

それまで磐石《ばんじやく》の結束力を誇っていた組織が、親分の予期せぬ急逝によって四散崩壊してしまうケースも決して少なくない。

たとえば、東日本の某地区で渡世を張るX一家系Y組も、その例にもれなかった。

存命中は、

「X一家にYあり」

といわれるほど俠名も高く、一家の本部長をつとめるほどの実力者であったY組長が、病気のため急死したことがY組崩壊の大きな原因だった。

Y組長は若い時分は「X一家の斬り込み隊長」といわれるほど、一家の抗争史にことごとく名を連ねてきた武闘派でもあった。所帯も大きく、Y組はX一家のなかでは断トツの勢力を占め、一家の中核を成す組織といってよかった。

Y組の跡目の本命は理事長のAと目《もく》されたが、昨今、急激に力をつけてきた幹事長のBが、跡目候補として名のりをあげた。幹部のなかにBをかつぐ一派もあったのだ。

そのことを知ったとき、真っ先に、

「バカな。Bのような者《モン》が跡目をとるようなことになったら、うちの組もおしまいだよ」

と吐き捨てるようにいったのが、跡目の最右翼であるA理事長であった。

Aは死んだY組長の武闘派の気質を最も受け継ぐ男として、その実力は本家も認めるところだった。

「まったくです。跡目は兄貴をおいて他にいませんよ」

Y組の組織委員長をつとめるCが答えた。CはAの舎弟として、Y組執行部十五人のなかでもAに最も近い男だった。

たまたまCはA組事務所にAを訪ねてきて、跡目の話になったのである。組長室には二人の他にA組長の腹心であるA組若頭が同席するだけであったから、誰にも遠慮なく話ができたのだ。

「だいたいBなんてヤツは、もともと金融屋だろ。ヤクザじゃない。そんな者に、このY組の大所帯を任せられると思うか」

とAは憤懣《ふんまん》やるかたない様子だ。

「いや、兄貴、心配いりませんよ。うちの跡目は兄貴が継ぐのが筋です。その筋を曲げようっていう人間がうちの組にいるとは思われません」

とC。

「うん、オレはな、C、跡目をとりたくていってるんじゃないんだ。ともかくBだけはダメだ。あれが二代目継いだら、うちの組は早晩潰れるよ」

Aは芯からその事態を憂《うれ》いていたのだ。

だが、Aの危惧《きぐ》は現実のものとなってしまった。Bは執行部の支持を集めるべく、猛烈な多数派工作を開始、潤沢《じゅんたく》な資金力に物をいわせて幹部を買収し、抱き込みを図ったのだ。

結果、跡目選びは執行部による投票ということになり、Aの六票、Bの九票で、跡目はBと決まってしまったのだった。

Aは本家に引きあげられる形で独立を認められ、X一家の直参組長となった。

AにはもはやY組のことでどうする術《すべ》もなかった。

〈組長、すみません。私が至らなかったばっかりに、こんなことになってしまって……〉

Aはひとり、Y組長の墓前に詫びたが、AにはY組の瓦解《がかい》していく様が見えるようであった。

〈カネだけでのしあがってきた金融屋あがりに、代目者がつとまるほどこの世界は甘くない。ましてY組といやあ、世間に少しは知られた看板だ。それをヤクザの筋も知らなければ、体を賭けたこともないヤツに守っていけるわけがないじゃないか。ヤクザはカネじゃない。最後は力なんだ。喧嘩もできないヤツに何ができるんだ〉

B新組長のもと、二代目Y組はスタートしたのだが、事態はAの予測した通りに進んでいく。

B二代目が何より恐れたのは他組織との間違いで、喧嘩ざたとなると最初から腰が引けていた。非は相手方にあってこちらに筋の通った喧嘩であったり、そこでやめたら安目を売ることになりかねないような喧嘩でも、Bはいともあっさりと手仕舞いに踏みきるのだった。

初代とは大違いである。初代はどんなときでもとことんツッパリ通した親分だった。たとえ自分のほうが一方的に悪い喧嘩であっても、よほどのことでないと謝らず、手打ちにも応じなかった。

場合によっては、相手の若い衆を二人も殺《あや》め、自分のほうは無傷というようなケースでの掛けあいの席でも、

「うちの一番大事な宝を長い懲役に行かせるような真似をして、この始末、どうしてくれるんだ！」

と啖呵《たんか》を切り、一歩も引かないような親分だった。

若い衆のことはとことん庇《かば》った。若い衆が少しばかり暴走しようとも、処分するどころ

か、組を潰しても若い衆を助けようとするのが初代であった。

だから、若い衆の誰であれ、どんな理由であれ、手をかけられたなどと聞いたら、自分が先頭を切って相手に報復に出かけかねなかった。ともかく強気一辺倒、引くことを知らない〝イケイケのY〟で知れわたっていた。

その跡目をとったBは、この初代とは何もかも好対照であった。間違いがあっても、一歩も引かずにツッパるどころか、大概のことはカネで解決してしまうのを常とした。

ヤクザの鉄則である、やられたらやり返すということもしなかったから、そのうちに、

「何もできないY組」なる戯歌《ざれうた》までできてしまう。

「おい、あそこと揉めたらカネになるぞ」

と風評が立ってしまうほど、Y組の弱腰はあまねく知られるところとなった。

初代のときに培《つちか》った武闘派の看板は、見る影もなくなっていた。

こんなこともあった。あるとき、Y組本部事務所に、関西でも名うての武闘派であるS会系H組の若頭補佐が訪ねてきた。

「いや、もうどうにもラチがあきまへんよってな、今日は直接こちらさんに話をつけてもらお思いましてな、来ましたんや」

H組若頭補佐の口上に、

「はあ……」

応対したY組本部当番の幹部が、何事かと緊張した顔になる。

「おい、連れてこんかい」

若頭補佐がお伴の組長付に命じると、

「はい」

組長付はすぐに携帯で何やら連絡しだした。

間もなくしてH組組員二人とともに事務所に入ってきた男を見て、

「——Kさん！」

当番責任者の幹部が唖然として息を呑《の》んだ。

このところ行方が知れなかったY組のK本部長補佐であった。KはY組の執行部に連なる若手だった。暴行を受けた跡は歴然で、顔が腫《は》れあがっている。

「Kさん、いったいどうしたんですか？」

当番が訊ねても、

「…………」

Kは答えず、呆然と立ち尽くしたままだ。

代わりに口を開いたのは、H組若頭補佐だった。

「話いうんはこのことですわ。このお人に、ワシのとこで五千万円貸してますのやが、約束の期限を過ぎてもいっこうに返してくれしまへん。うちもな、辛抱に辛抱を重ねましたんやが、もう限界ですわ。舐《な》められるわけにはいきしまへんよってな。どうしてもこちらの組長さんにな、ケツを持ってもらお思いましてな」

あまりのことに当番の幹部は開いた口がふさがらない思いだった。事務所に詰めていた当番の若い衆たちも、いきりたつより何より、毒気を抜かれほとんどポカンとしていた。

それにしてもY組は舐められたもので、H組若頭補佐は茶飲み話でもしているような態度で、悠々としたものだった。性根がすわっているというか、やはり役者が一枚上だった。

その代わり、お伴のH組組員三人は油断なくまわりに目を光らせ、いつでも懐《ふところ》から拳銃を抜きだせるように身構えている。

さんざん痛めつけられ顔の変わったY組のK本部長補佐だけが、魂を抜かれたようにボーッと突っ立ったままだ。

そのKを見やりながら、Y組の当番責任者の幹部は、

「お話はよくわかりました。私の一存ではどうにもなりませんので、今日はお引きとり願えますか、必ず近日中に御返事をさしあげますから」

と答えるのがやっとだった。

「ほな、待ってますわ」

H組若頭補佐はうなずき、Kを置いて堂々と引きあげていった。

この一件に対し、Y組二代目のB組長はどんな対応をしたかといえば、K本部長補佐を即破門処分とし、Y組はいっさい与《あず》かり知らん、ということをH組若頭補佐に通告したのだった。

ひそかにこの話をCから伝え聞いた初代Y組理事長のAは、

「呆れたもんだな。先代なら、その借金をきれいに払ったうえで、『うちの若い衆を痛めつけてくれた落とし前はどうつけてくれるんだ!?』って、五千万円どころではないけじめを相手からとったろうからな」

「まして二代目にすれば、五千万円なんてハシタガネ、ポンと出せるカネですよ。それを惜しんで、いとも簡単に幹部のKを斬って捨てるんですから、何をかいわんやですよ」

とC。

「いよいよもってY組も終わりだ」

Aがため息混じりにつぶやいた。

その後、Y組は、組長に愛想をつかした幹部たちが一人減り、二人減り、やがてクシの歯が抜けるように去る者が続出、組織はガタガタになっていく。

所詮トップの器ではない者を二代目に据えた悲劇であっただろう。

やはり戦う組織のリーダーは、何より強くあらねばならないという見本のような話であろうか。

2 「鉄は熱いうちに打て」が新人教育の大原則である
——基本を徹底的に叩きこむ「部屋住み」制

ヤクザ渡世に入門したばかりの者が、親分もしくは兄貴分の自宅に何年間か住みこんで仕える部屋住みという制度は、ヤクザ社会が編みだした最大の叡智《えいち》といえるものではあるまいか。これ以上の新人教育はないともいえよう。

部屋住みは朝起きてから夜寝るまで、ほとんど自分の時間というものを持てない。朝は掃除、雑布がけ、飯炊き（いまはやっているところはめったにないだろうが）、親分の飼う犬の散歩に始まって、使い走り、電話番、来客の接待、その他の雑用など、もっぱら下働きを中心に一日びっしり、休む暇さえない。睡眠時間さえろくにとれない日だってあるのだ。

新人はこの部屋住みの期間に、ヤクザ渡世のイロハ——ヤクザの基本中の基本を徹底的に叩きこまれることになるわけである。礼儀作法、言葉づかい、行儀、電話の受けこたえから、親分の人脈、組の交流関係も知ることになるだろう。

とはいえ、誰も手とり足とり教えてくれる者はいないし、マニュアルだってない。部屋住みの先輩の挙措、立ち居振る舞い、所作を見て、自分で覚えていかなければならないのだ。

ドジを踏んだり、失敗をしでかしたら、容赦なく先輩の罵声《ばせい》が飛ぶし、兄貴分からはぶん殴られ、蹴飛ばされることだってあるだろう。昔から、この部屋住み中に、ほとんどの者がいなくなるといわれるほど、厳しい修業なのである。

「ヤクザになったらベンツに乗って、いい女とつきあえて、肩で風切って……なんて甘い考えで入ってきたヤツが、年柄年中便所掃除や使い走りばっかりさせられて、あまりのギャップに、こんなはずじゃと思ってしまうんだろうな。すぐにケツ割っちゃうヤツが多いよ、昔もいまも」

とは都内に事務所を置く組幹部の弁である。

ただし、この部屋住みを一年でも二年でも続けた者は、以前とは見違えるような若者になるという。ろくに挨拶もできない、口のききかたも知らない、ハシにも棒にもかからないほどワルかったヤツが、きちんと挨拶ができて、目上の者には敬語も使え、別人のように礼儀正しい男になるのだ。

「だから、昔は、悪くて自分らの手に負えないからっていうんで、ひとつ、親分、せがれの性根を叩き直してもらえませんか、って、親がヤクザの親分のところへ、実の息子を預けにきたもんですよ。で、部屋住みさせてね、一年後、二年後には、親がびっくりするようないい若い者になるんだけど、そのままヤクザ続けるもよし、親が引きとっていくもよしということでね、そんな時代もありましたよ。ヤクザなんて無理じいしてなるもんじゃないからね。あくまで本人次第、本当にヤル気のあるヤツ、一生修業を続けたいというヤツがなるもんですから」（組関係者）

部屋住み修業で叩きこまれる基本中の基本は、なんといっても礼儀作法である。

たとえば、わが国最大のテキヤ組織である極東会（松山真一会長）の中核組織でもある松山連合会（金子三吉会長）が、新人向けに作成した『若者心得』は十七条から成っているが、礼儀作法に関する項目も多い。

《一、家の中での挨拶は正座して拇指《おや》をかくして行なう　拇指を内に折り曲げるのは、「効き指を使わない、つまり手対《てむか》いしない」また「効き指を切り落とされない為の用心」ともいい「親を大切にする意味」だともいう　但し神農（筆者注・親分のこと）になった

者は拇指を立てて挨拶する
一、外での挨拶は腰を「く」の字に落としてする事
一、挨拶の時相手から目を絶対にそらせてはいけない　それは相手に隙《すき》をみせない為である　目を伏せて挨拶するのは親分か兄貴のみである
一、先輩に挨拶する時又話をする時ポケットに手を入れたり腕を組んだり見苦しい態度はやめる事》

このなかには一般のビジネス社会にも充分通じる条文もあるようだが、ともあれ部屋住み修業の過程で、こういったことを嫌でも身につけていくわけである。

親分や兄ィたちの前では、つねに神経をピリピリさせていなければならず、何かいわれる前に行動を起こすくらいの心構えが必要とされる。

親分や兄ィが煙草を喫おうとしたら、それより早く火をさしだし、トイレに立ったならその入口に立っておしぼりを持って待つ。親分が車に乗るときは、先まわりしてドアを開けておく。見送るときは、腰を〝く〟の字に曲げて挨拶する――という具合いだ。

来客があったときには、玄関の上がり間のところで出迎え、正座して挨拶し、客の靴はきちんとそろえる。お茶を出すときは必ず両手で、「失礼します」のひと言は、出すとき

も受けるときも必要だ。

兄ィや先輩の前で煙草を喫ったり、ろくに挨拶もしないでポケットに手を入れたまま、「オレはよ」などという口のききかたをしたのでは、顔が変わるくらいこっぴどくヤキを食らうのは必至。部屋住みたちは言葉ではなく、体でそういうことを覚えていくわけである。

さらに人づきあいの基本的な礼儀として、大事なことといえば、時間の厳守。これもまた部屋住み時代にみっちりと体に叩きこまれることになる。

前述の『若者心得』にも、

《一、何事も行動は敏速にする事　時間は厳守の事》

という一条が設けられているほどである。

ヤクザ社会には「安目を売るな」という言葉もあるように、弱みを見せることは何よりの恥辱とされる。相手につけこまれるだけだからだ。

たとえば、他組織との大事な掛けあいのときに、遅刻などするのはもってのほかである。もうそれだけで五分五分の交渉を四分六分にしてしまうようなもので、とんだ失点もいいところである。

あるいは一分一秒を争う有事の際に遅刻するというのでは、致命的なミスにつながりかねない。

関東のある組幹部がこういう。

「カタギ社会も同じだろうが、時間にルーズなヤツはまず人に信用されないし、絶対に伸びないね。サラリーマンだって、そんなヤツは契約もとれんだろ。うちの先代という人は、ともかく月寄りのときなんかでも、一人でも遅刻するヤツがいると、『今日はもうヤメだ』とつむじを曲げるような人で、時間には徹底的に厳しい親分だった。つねに時間は約束の十分前。運転手なんか定時に親分を迎えに来ても、待っていてくれてぶん殴られるのはまだいいほうで、定時じゃ親分はもう先に出かける人だった。そういうのを部屋住み時代に私は目《ま》のあたりにしたからね」

ヤクザ社会を取材してつくづく感心することは、彼らの時間の厳守ぶりである。たとえば、盃ごとなどをはじめとする義理ごとの際、定時より早く始まることがあっても、遅くなることはまずあり得ない。列席者は、もうほとんどの人間が一時間前には集まっているのがつねだからだ。

こういうヤクザの基本中の基本を身につける部屋住み修業を何年か経て、ようやく親分から盃をおろされ、正式に入門を許されるのが、ヤクザ社会のしきたりであったという。〝であった〟というのは、いまだこういう部屋住みの制度を敷いているところはめっきり少なくなったからである。

理由は単純明快。ただでさえ若いヤツのヤクザのなり手がなくなった昨今、そんなことをしていたらますます彼らが居つかなくなるからというものだ。

これに異を唱えるのは、いまだ頑《かたく》なに部屋住み制をとり続けている都内の四十代の若手J組長。

「新人にヤクザの何たるかを教えるのは、やはり部屋住みが一番。これをなくしてしまったんでは、われわれの業界もますますダメになる一方じゃないですか。若い連中が居つかなくなるからやらないというのはおかしいでしょ。若いヤツに媚《こ》びてまでいてもらう必要はない。そりゃ、うちもやりかたはいま風にアレンジしてやってますよ。昔と同じことやっても、若いヤツには馴染まないからね。その分、多少は甘くなってるかも知れないけど、根本は同じ。ヤクザになるための厳しい修業ですから。逃げだすヤツもいますよ。けど、私は部屋住みを何年間か経験しない者には、盃はやりません」

このJ組長、自身も約五年間の部屋住みを経験しており、この修業期間があったればこそ、いまの自分があるとの認識があるという。それほど得がたい経験であったわけで、ヤクザのイロハを身につけ、我慢や筋道というものを学んだのである。

「私より上の人たちはみんな部屋住みをやってますからね。なかには八年とか十年、それ以上やったなんて先輩もいますからね。そうした人たちはやはり筋金入りですよ。昔もいまもケツ割る人間はいっぱいいて、残るヤツのほうが圧倒的に少ない世界ですからね。でも、それでいいんじゃないですか。ケツ割る人間というのは、部屋住みをやろうがやるまいが、どっちにしろケツ割る連中だと思いますから」

本当にヤル気のある者だけが厳しい修業にも耐えられるわけである。鉄は熱いうちに打て――ということであろう。

3　リーダーに求められているのは、独自の感性と時代を先どりする先見性である

近代ヤクザのパイオニアといえば、真っ先に思い浮かぶのが、昭和三十一年三月六日、三十四歳の若さで世を去った〝銀座警察〟の高橋輝男である。

戦前、目黒《めぐろ》・祐天寺《ゆうてんじ》界隈の不良少年〝祐天寺の輝〟として鳴らした高橋輝男が、住吉一家三代目阿部重作の盃をもらって住吉一門となったのは戦後すぐのこと。復員後、銀座に出て、すでに阿部一門だった〝人斬り信〟こと浦上信之と出会い、その舎弟となった縁による。

以後、いち早く銀座を地盤にして「秀花園」という貸植木業をやったり、バーなどに卸すおつまみの工場をつくったり、泰明《たいめい》小学校のそばに寿司屋を開いて若い者の面倒をみていたという。

政財界や右翼との人脈も広く、資金もあって、九州・別府《べっぷ》の「九州硫黄《いおう》」という硫黄鉱

山や、〝東京都民の台所〟といわれた神田《かんだ》の「一元青果」という青果市場を手に入れて経営したり、映画製作にも手を染めたほどだ。

その卓抜した事業家的手腕でもって銀座に着々と地歩を固めていったわけである。

そうした彼の事業の一環として、昭和二十七年に設立されたのが、大日本興行株式会社であった。

大日本興行はプロボクシング世界フェザー級チャンピオンのサンデー・サドラーを呼んだり、金子繁治とエロルデ（フィリピン）の東洋選手権の興行を成功させたりして、次々と事業を広げていった。東南アジアの貿易も夢見ていたという。

ちなみに高橋輝男たちに冠せられた〝銀座警察〟という異名は、マスコミによる命名で、その名が初めて新聞に登場したのは昭和二十五年三月六日のことである。「銀座私設警察一斉検挙」という見出しで、センセーショナルに報じられたことによる。

彼らは当時の銀座一丁目から八丁目までの夜の支配者であった。ダンスホール、ビヤホール、バー、喫茶店、小料理屋など、ほとんど彼らの息のかかっていない店はなかったといわれる。

そしてそれらの店はもとより、企業や各方面に協力者を求め、情報提供者に仕立てあげた。さらにその情報網は、本物の警察署内部にまで及び、防犯委員を籠絡《ろうらく》、警察情報はすべて筒抜けだったともいわれる。

そのため、逮捕されるのはいつも配下の者ばかり。しかも、上層部の運動によってすぐに証拠不充分で釈放されることを知っていたので、捕まってもあまり意に介さなかった。

銀座警察は一次（二十五年ごろ）、二次（二十九年以降）とあり、二次のころには、従来の単なる斬ったはったの暴力集団から脱皮して、格段の組織力と行動力、近代性とを身につけていたのである。

彼らのビジネスは、法律では解決し得ない経済・民事事件の処理を、被害者の依頼によって暴力を背景にして解決することであった。彼らは債権取りたてや会社乗っとりグループの追及にあたっても、〝聞きこみ〟などの情報収集、〝捜査〟〝張り込み〟から〝逮捕〟〝取り調べ〟〝留置〟に至る刑事警察の全過程を銀座のど真ん中でやってのけたのだった。

彼らは大きな経済事件でもたびたび暗躍し、とくに高橋輝男をグンと飛躍させる転機となったのが、三井不動産事件（三信ビル事件）であったといわれる。億のカネを掴んで経済的地盤を揺るぎないものにしたばかりか、政財界にも豊富な人脈ができ、強力な支援者も出てくる。

当時とすれば、最高級といわれた日比谷《ひびや》の日活国際ビルに事務所を移したのも事件直後のことだった。むろんヤクザの事務所ではなくビジネスオフィスで、ネクタイを着用しなければ出入りもできなかった。

いまだ昭和二十年代のことで、高橋輝男は三十そこそこにしかすぎなかった。ヤクザ者といえば、アロハシャツや雪駄《せった》ばきで肩で風を切って歩くスタイルが一般的だった時代である。

当時のヤクザが考えていることといえば、博奕《ばくち》のテラ銭がどうの、カスリがどうの、縄張りがどうのということしかなかった。

それを高橋輝男は、博奕はいっさいやらず、テラをとってシノギにするなどという考えはみじんもなかった。まして、カスリとかみかじめ料などという発想自体が何より嫌いで、

「銀座を誰よりも愛しているから、何かあれば銀座を命がけで守るけれど、それで店から月々おカネをもらおうなんて夢にも思わない。銀座はおカネを取るところじゃなくて、落とすところ」

とつねづね語っていたという。

縄張りがどうのこうのということも眼中になくて、その視野にあったのは狭い日本ではなく、東南アジアだったというから、スケールが大きい。とても単なるヤクザの次元で語れる男ではなかった。

時代を何十年も先どりしていたわけである。その先見性は推して知るべきであろう。

昭和三十三年六月十一日の〝東洋郵船横井英樹《よこいひでき》社長襲撃事件〟で名を馳《は》せ、組解散後は映画スターに転じ一世を風靡《ふうび》した男といえば、元安藤《あんどう》組組長の安藤昇《のぼる》。

何から何まで時代を先どりし、頑迷固陋《がんめいころう》なヤクザ界に風穴を開け、すべて型破り、異例ずくめであったのが、安藤ひきいる安藤組である。

安藤が組織に持ちこんだのは、従来のヤクザ組織では考えられないような近代性・合理性だった。

ダボシャツを背広に、組長も社長に、ドスを拳銃に、花札賭博をポーカーに代え、刺青や指詰めを禁じた。

安藤組というのはマスコミがつけた名で、正確には「東興業《あづま》」という。

むろん株式会社として登録、安藤が社長、幹部が専務、組員は社員で、給料まで支給された。業種は不動産売買や芸能興行、その一方で、裏営業としてキャバレー、ナイトクラブその他の用心棒も引き受け、博奕のテラをとった。博奕といっても、それまで博徒が手にしたことのないポーカー専門であった。

この東興業の事務所を東京・渋谷《しぶや》に開設したのは、昭和二十七年のことで、くしくも前述の高橋輝男の大日本興行株式会社の設立と同じ年である。

東興業はスタート時で幹部十三名、準幹部二十六名、直属配下七十名、流れをくむ組員が二百名を超え、三百個つくったバッジはたちまち不足したという。デザインは両方（安藤・東興業）の頭文字からの「A」を黒地に金で浮きたたせたもので、幹部はそれを三重、準幹部は二重、他は一重の丸で囲んで区別した。準幹部まではグレーのベネシャンのスーツが制服である。

資金ができると、できうる限り武器をそろえ、ときには御殿場《ごてんば》の米軍基地にまで調達に出かけたことがあった。米軍のコルト45口径拳銃を中心に、散弾銃、ライフル銃、カービン銃までそろえたのだ。

翌二十八年、事務所を渋谷・宇田川《うだがわ》町から同・宮益《みやます》坂をあがった上通り四丁目のビル三階に移転したのは、地下事務所は危険と判断したためだった。以前に抗争事件があったとき、相手組織が地下事務所の入口にガソリンをまき、火をつけようとしたことがあったのだ。幸い不発に終わり、事なきを得たが、発火していたら、中の人間は全員が黒焦げになるところだった。そこからのすばやい決断である。

新たな事務所は、事務室が十坪、さらに八坪ほどの社長室には絨毯《じゅうたん》が敷きつめられ、当時としては超一級との評価があった。三年後には赤坂《あかさか》支部も開設しているが、これも将来の赤坂の発展を見こんで先どりしたものだ。

もう一つ、東興業――安藤組の特徴をあげると、組長をはじめ幹部クラスの高学歴だろう。出身校は立教、明治、法政、国学院、日大、専修大、国士館、神奈川大、電通大など多彩をきわめ、大学在籍者も大勢いた。

インテリヤクザといわれたゆえんだが、多数の学士ヤクザを擁し、すべての面における現代的センスは周囲を圧倒せずにおかなかった。

安藤昇もまた前述の高橋輝男同様、近代ヤクザの原型――というより、早すぎた男といっていいかも知れない。

なにしろ、まだ木炭バスが走っている御時世に、グレーン・チェックのスーツを着て、スチュードベーカーに乗り、日系二世のバクチ打ちを使ってポーカーのテラ銭をとる姿というのは、当時としてはあまりに突出しすぎていたであろう。

指詰めや刺青といった前近代的な代物は御法度。安藤組が追求したのは徹底的な近代化、合理化路線である。

拳銃を米軍用のコルト45口径に統一していったのは、いざというとき同型なら弾も弾倉も融通しあえるためだったという。射撃訓練も欠かさず、場所はなんと東京湾。早朝、ボートで沖遠くに繰りだし、海上に投げこんだ空きビンなどを的にして訓練に励んだという。かつての東映映画「実録安藤組」でもお馴染みのシーンだ。

「ハジキ一丁は組員十人に匹敵するっていわれますが、かならずしもそうじゃない。何丁あったって、実戦でちゃんと使える人間がいなくちゃ話にならない。それには一発でもよけいに撃たせる以外に上達しないですよ。まあ、喧嘩なんてのは、実際の話、場馴れしたヤツが三人もいれば勝てるもんです。相手の本拠を狙えばいい」

と安藤はのちに週刊誌に語っている。

俗に「雑布がけ三年メシ炊き五年」といわれる博徒の部屋住み修業などとはまるで縁がなく、他の親分衆とは育ってきた地盤が基本的に違う安藤にして初めていえる言葉だった。

彼が信じるのは任侠道というような伝統ヤクザの精神主義ではなく、資金力であり、武器であり、使える組員の頭数であったわけである。

「経済ヤクザ」なる言葉を初めて世間に定着させ、〝経済ヤクザのドン〟といった趣きがあったのは、稲川会の故石井隆匡二代目会長である。

身長は百八十センチを超え、一見大学教授を思わせるような風貌と相俟《あいま》って、その先見性は際だっていた。わけても経済力は、佐川急便から稲川会系企業（その実、ほとんど石井会長系企業）に対する債務保証や融資は一千億円に達するというのだから、なにしろケタはずれだ。

石井隆匡は大正十三年一月三日、東京・南千住《みなみせんじゅ》生まれ。名門校である旧制鎌倉中学に入学したが、他校生との喧嘩がもとで四年で中退。昭和十九年、徴兵され、横須賀の海兵団に入団、東京・八丈島《はちじょう》に配属された。人間魚雷・回天の基地員として敗戦を迎え、昭和二十年十二月に復員。

翌二十一年、横須賀の石塚一家石塚義八郎親分の若い衆となり、二十三年、石塚一家の代貸となった。稲川会との縁は、当時の四天王の一人、井上喜人と兄弟分の盃をかわしたこと。

やがて順調にこの渡世の階段をのぼっていき、昭和三十八年には稲川会の前身である「錦政会」の組織委員長に抜擢《ばってき》され、前後して横須賀一家五代目総長にも就いた。四十七年に稲川会理事長に就任、六十一年には稲川会二代目会長に昇りつめたのである。

その一方で、経済活動にも早くから意欲的で、昭和四十四年には横須賀市に建設会社を設立、神奈川県の指定業者になった。

そして二代目会長に就任した前後から、経済ヤクザへの志向はより鮮明となる。まず六十年には〝稲川会経済部〟と呼ばれた不動産会社「北祥産業」を設立。翌年には野村、日興両証券会社に取引きの口座を開設、自らの意志で新日鉄や三井金属、NTT株などを多数購入しているのだ。

さらに昭和六十二年には、旧太平洋クラブのものだった岩間カントリークラブも譲り受けたのである。石井隆匡はバブル経済の波に乗って、東急電鉄株の買い占めという大勝負に挑んだ。

その集金力はすさまじかった。同クラブから「会員資格保証金預り証」なるペーパーを発行、それを十二社一個人に売り、なんと三百八十四億円を捻出したといわれる。

やがて平成二年十月、稲川会の跡目を稲川裕紘理事長に禅譲してヤクザ社会から引退。それから間もなくして、野村、日興証券がらみの〝株疑惑〟の渦中の人となったのだった。

「今ね、私たちの組織というのは、我々の組織だけを見てる時代じゃないですから。日本の政治経済とか、世界を見ないとついていけないですよ。いつまでも、下から吸いあげる時代じゃなくなったですよ。上納金、上納金、そんな聞き苦しいことばっかり（警察に）いわれたんじゃね（笑）。やっぱり自分自身が稼がなきゃね。稼ぐには正当な税金を払って、合法的な金を出さなきゃいけないと思いますよ。だから、やっぱり時代に沿った生きかたをしていかないとね。いつまでも我々の古いしきたりを、それはいいものなら守ってもいいけど、改革していかないとね」

とは、ジャーナリストの溝口敦《みぞぐちあつし》が伝える石井隆匡の生の声である（「現代ヤクザのウラ知識」ＪＩＣＣ出版局）。

上納金などというシステムは時代遅れであり、これからは自分自身で合法的な資金で合法的に稼ぐべきである。そのためには日本の政治経済にも目を向け、国際的な視野を持つべきだ——との持論を述べているわけである。

事実、石井隆匡は大変な勉強家であり、読書好きで、あらゆる分野の本に目を通すような読書家だったという。

岩間カントリークラブとの契約にあたっても、締結の際は自らが丹念に書類をチェックし、厳しい経済人としての顔をのぞかせている。

一方で、こうした〝経済ヤクザのドン〟〝現代ヤクザの旗手〟としての顔と矛盾することなく、同居していたのが、その信仰心の篤《あつ》さであったろう。

神仏、宗派を問わず信心し、外国へ行くときは川崎《かわさき》・溝《みぞ》ノ口《くち》にある身代わり不動尊にお参りするなど、朝晩神仏に読経し、それは刑務所服役中も欠かすことがなかったといわれる。

古さと新しさが同居した、バランス感覚のきわめてすぐれた現代ヤクザであったということだろう。

4 常在戦場――治にあって乱を忘れず、の性根をつねに持たせよ

ヤクザ社会から抗争事件がなくなるというのはひとつの理想には違いないが、おそらくそれは至難の業であろう。

なにせカタギ社会でさえ、毎日毎日色と欲にからむ争いごとが絶えないのは、テレビのワイドショーを見れば周知の事実。カタギから争いがなくならないのに、どうしてヤクザから喧嘩がなくなるのか、それは誰が考えてもわかる理屈だ。

「そりゃ誰だって、好んで喧嘩したいなんてヤツはそうそういませんよ。できたら喧嘩などしたくない。けど、ヤクザという生きかたを選んだ以上、それは宿命のようなもんで、避けて通れない。一時間後に起きるかも知れないし、四年も五年も起きないかも知れないけど、ヤクザから喧嘩はなくなりません。どうしても喧嘩したくないんだったら、ヤクザ辞めるしかないですよ」

とは、組関係者の弁だ。

とはいっても、暴対法施行以前に比べたら、昨今は全般的に抗争事件が少なくなってきているのは確かで、一般市民からすれば、暴対法の数少ない効用といっていいかも知れない。

北関東の某組長はこういう。

「ヤクザがいくらいっとき平和だからって、それはあくまでかりそめの姿でね、戦いを忘れたらヤクザは失格です。常在戦場――治にあって乱を忘れずの心構えをなくしたら、おしまい。つねに戦いを想定して生きていくのがヤクザですよ。そして戦いというのは、赤き着物か白き着物か、生きるか死ぬかだからね。ヤクザは喧嘩してなんぼ。だけど、いまは戦いを忘れ、平和ボケしてるヤクザばっかりで、サラリーマンのほうがよっぽど毎日戦ってるんじゃないですか」

東北に拠点を置くB組長は、抗争ということに関してはもっとシビアな考えを持ち、危機管理に徹していることでは、おそらく右に出る者はいないだろう。

なにしろ、B組長ひきいるB組は、組長以下幹部及び組員の面々が日夜、〝サバイバル〟や〝市街戦〟と称する、実戦を想定したすさまじい抗争訓練を行なっていることで知られるのだ。

〝サバイバル〟というのは、毎月数回、組長以下幹部ら四十人ほどが二手に分かれ、山にこもってどちらかを全滅させるまで戦いあうというものである。むろん本当に殺しあうわけにはいかないから、全員が電動銃を使うことになるのだが、これが結構強烈な代物《しろもの》で、一人残らず防弾用のマスクやチョッキを身につけ重装備したうえでの戦いになる。

B組長によれば、

「体に当たっても痛くも何ともないというんじゃどうにもならないからね。やっぱり当たれば痛いし、血も吹きだしますよ。実際、抗争訓練中に組の幹部が右目を失明するという事故も経験しました。だからこそ組員一同、真剣に取りくむことができるんです。注意力もつきますし、手なんか当たったら本当に痛いですよ。この〝サバイバル〟をすることによって、山の自然のなかでみんなが楽しみながら戦うことを体で覚えるんです。自信もついてくるし、恐さも知ることができる。いままでイキがってたヤツも謙虚になって人間性の成長があるんですよ」

また、普段は稼業の用事や義理ごとがない限り、四六時中、〝市街戦〟と称する抗争訓練に励んでいる。これはB組長・ボディガード班VSB組理事長（ナンバー2）以下直系組長混合軍との模擬抗争で、両派の間での熾烈な生命《タマ》のとりあいとなるのだが、現実の抗争もかくやと思われるような実戦さながらの様相を呈す。

とはいえ、街なかで本物の拳銃やドスを使うわけにはいかないから、相手の五メートル前まで近づき、モデルガンを突きつけた段階で、「殺《と》った！」となって勝負ありとなる。毎日の生活のなかでの戦いだから、遊んでいるときでもいついかなるときでも、警戒は怠れないことになる。酒場で酒を飲んでいるときでも、彼女とデートをしているときでも、ヒットマンはどこに潜んでいるやも知れず、神経をピリピリさせていなければならないのだ。

まさに毎日が戦いである。

B組長がこういう。

「ヤクザから抗争はなくなりません。ヤクザである以上、それは避けられない。この抗争訓練をなぜ始めたかといえば、その根本は、うちの若い衆に抗争で絶対命を落とさせたくないということからの発想なんです。一人として死なせたくないんですよ。物を知らずしてイキがったら必ずやられるぞ、と。訓練をやり、その難しさを知ることによって初めて慎重さも出てくるし、知識も向上する。一番の強みは、頭とか理屈じゃなくて抗争というものを体で覚えることができるということですね。どういうときに殺られるのか、どうしたらそれを防げるのか——といったことを皮膚感覚で会得《えとく》できるわけですよ」

何より、毎日のんべんだらりと酒を飲んで過ごしている者より、危機に対する意識や性根が違ってこよう。いざというときの機動力、行動力においても、おそらく段違いの差が出てくるのは確かだろう。

危機管理ということに対して、その考えかたにおいて、B組長の場合、他のヤクザとはその厳しさが違っているわけである。

「抗争が起きても若い衆を誰一人死なせたくない——という私の意図を若い衆も理解してくれてね、誰もが真剣にやってますよ。いまでは若い衆の口から、一日も早く立派な戦士になりたい——なんて言葉も出るようになりましたからね」

とB組長は、若い衆がかわいくてたまらないとばかりに目を細めるのだ。

B組長のすごいところは、〝サバイバル〟にしろ〝市街戦〟にしろ、もう六十近い年齢なのに自ら先頭に立って、若い衆たちとまったく同じようにその訓練をこなしていることだ。つねに率先垂範《そっせんすいはん》なのである。

これはなかなかできないことだろう。

「幹部たちは理事長が四十代前半で、あとはもうほとんどが三十代。みな、バリバリの若手ですよ。六十近い組長が、その若手たちと何ら変わらないことをやってるんですからね。そりゃ酒も飲まずに、普段から体を鍛えてね、努力してますよ。そういうトップであればこそ、若い衆はみなついていくし、なおさらオレたちもやらなきゃ、という気持ちになるんだね」（地元消息通）

もとより模擬戦とはいっても、人前でモデルガンを出したり、弾を発射したりするわけではないが、いずれも実戦を想定しての真剣勝負そのものである。以前は直系組長同士でやりあったり、混合戦ということで誰を狙ってもよかったが、いまのB組長・ボディガードVS直系組長——という対決のルールに改まってからは、幹部たちはなおさら目の色を変えだしたという。

ある幹部など、B組長が某地の温泉に行くという情報を摑むや、朝早くから先まわりして当地で何時間も組長を待ち伏せていたという。

B組長が苦笑しながらこういう。

「まさかここは大丈夫だろうと思ってるところでいきなり出てこられたり、いったいどこから入ったんだろうとびっくりしますよ。同じ場所で二回やられたこともありますから。

ここはいいよ、とボディガードを遠ざけてしまうようなところを、みんなが狙うんです。長年つきあっていて自分の行動を知っているだけに、やることも強烈ですよ。何度やられたことか。でも、こっちもすぐに報復しますから（笑）」

ところ書くと、いかにもB組長ひきいるB組が好戦的な組織であり、時代に逆行していると見る向きも多いかも知れない。実際、そんなふうに思われがちともいうが、むしろそうした先入観や偏見は望むところ——とB組長はいう。

「うちは時代に逆らってバカみたいに喧嘩するしか能がないと思われて大いに結構です。そりゃ、おカミからは狙われますけど、私は何より若い衆の命を守りたいんですよ。そのためには徹底した訓練しかない。好んで喧嘩したがってるわけではないんですが、世間はそう見ないですね。私はそれでもいいと思ってます。なぜなら、ヤクザが喧嘩できない時代になればなるほど、いまごろ何がサバイバルだ、Bは喧嘩しか考えていない、あんな危険な組に構うな——と思ってくれるわけだし、そうなればかえって防波堤になって平和が守れるんじゃないですか。私は本来は平和主義なんです」

平和と保身のために魂を売り、故郷を売りわたし、安目を売ってしまったら、ヤクザはおしまいである。

それを誰よりもわかっているのがB組長であるわけで、力の裏づけなくして平和は守れない。国際政治の核の抑止力ではないが、ヤクザ社会も同様に、力のない者がいくら平和を唱えても誰も耳を傾けてくれないのだ。

「ヤクザから喧嘩はなくならないでしょうけど、それをいかにスマートに気持ちよく収められるかが今後の課題だと思います。そのためには皆さんに話を聞いてもらえるような人間にならなければならないし、自分の組織も強くならなければいけない。だから、能書きいわないで、若い衆と自分みずからを鍛えることが肝心なんです」

とB組長はいいきった。

5　危機管理を徹底してこその組織である

前節のB組長によれば、〝サバイバル〟や〝市街戦〟と称する抗争訓練を重ねることで、何より強みになっているのは、抗争を頭や理屈でなく、皮膚感覚で知り、体験できることだという。

実際、訓練によって初めて知り得たこともいくつかあるという。

たとえば、訓練中、B組長が車で信号待ちしているところを、相手方の直系組長の一人によって襲撃されたことがあった。

いきなり現われたヒットマンを見て、B組長、すばやく拳銃（もちろんモデルガンである）を抜こうとしたのだが、とても間にあいそうもなかった。そこで隣りの座席にいたボディガードがとっさにB組長の体におおいかぶさったのだった。

B組長がそのときのことを振り返ってこういう。

「何のことはない、若い衆を殺さないための訓練なのに本番なら殺しちゃってる。そのときわかったのは、いざ抗争となったら、車に乗るときは拳銃を懐に入れてちゃダメ、つねに抜き身でなきゃいけないということでしたね。信号待ちのときなんか一番狙われますからね」

それがわかったことだけでも、日ごろの抗争訓練の意義があった——とB組長はむしろよき教訓として、プラスに考えているというから、まさしく危機管理の鬼であろう。

事実、ヤクザ抗争では、車に乗って信号待ちしているところを狙われる場合も多く、山一抗争の際の山口組竹中組系組員による一和会中川宣治副本部長射殺事件、あるいは平成二年一月、札幌《さっぽろ》で起きた山口組初代誠友会石間春夫総長射殺事件などがそのケースであった。

また、〝仁義なき戦い〟で知られる広島の三代目共政会山田久会長のように、三代目を継承する直前、挨拶まわりのため車で大阪へ出向いたとき、踏切で停車中のところをヒットマンに襲撃されて重傷を負うという事件もあった。

共政会はこのときの体験を大きな教訓として、以後、徹底した危機管理に取りくむようになった。

とくに車の移動に対してはことのほか神経をつかい、その〝車楯〟といっていい、鉄壁のガードぶりはつとに有名である。

消息通がこういう。

「広島の場合、共政会のお客さんは空港から街なかまで車がいっぺんも止まらずに行けるというので有名でしたよ。いまはどうかわかりませんが、山田久会長が御存命のときは私も目《ま》のあたりにしてます。会長の乗る乗用車の前後に、ガードするクルマがガッチリとつき、仮に信号にぶつかり、赤だったとしても会長のクルマは止まらない。どうするかというと、前後のクルマがスーッと出て左右の横断する道路をふさいでしまうんです。その間に、会長のクルマはスイスイ」

仮に何かでどうしても車が止まらなければならなくなったとしても、その場所、角度によって、ガードする車が必ず臨機応変に前後左右に移動したという。一瞬の隙もつかせぬガードぶりなのだ。

それはたとえば、右折の際や渋滞気味の場合でも変わらなかったとか。先導役の車がスッと右折していって対向車線でストップ、止まった流れで会長の乗る後続車がフルスピードで右折していくのだ。

共政会にすれば、車の危険性を骨身にしみて体験しているからこその危機管理であったろう。

全般的に見て、どちらかというと親分の危機管理ということに敏感なのは西日本ヤクザ界で、関東のほうは抗争時でもない限り、親分にボディガードがつくということはあまりないようだ。極端な話、関東ではお伴の若い衆を誰もつけないで、親分（それも大組織の最高幹部クラス）がたった一人で夜のネオン街を飲み歩く姿も見られるのだ。

では、関東の場合、危機管理によほど無頓着《むとんちゃく》なのかといえば、必ずしもそうではない。ヤクザ版安全保障条約、つまり〝任俠安保〟や〝神農安保〟的な機能を果たしている「関東二十日会」「関東神農同志会」という博徒、テキヤともども横の連絡機関があって、これがきっちりと関東ヤクザ界のデタントに一役買っているのだ。

仮に末端で抗争の火の手があがっても、決して二次抗争には至らないという消火システムができあがっているわけである。上層部同士、電話一本で話がつくのだ。

政治的な思惑の色濃い盃外交も活発であるという。

「一番ぶつかりたくない相手であったり、そことぶつかったらヤバいなという組織に対して、親分自身が相手トップと五分兄弟盃をかわすこともあるし、あるいは幹部同士で縁を持たせるというのが、盃外交の常套《じょうとう》手段ですよ。または、仮想敵と考えている組織があるとすると、そこと反目のところと手を結ぶ。つまり、敵の敵は味方という論理でね、兄弟盃なり親戚結縁の盃を交わすことで攻守同盟を結ぶというやりかたです」

とは消息通の弁である。

東日本で渡世を張る某広域系二次団体のE組長は、こんな手の内を明かしてくれた。

「抗争が起きたらどうするかというのは、抗争が起きてから考えたり動いたりしたのでは、それこそドロ縄で、もう遅いんですよ。抗争も何もまだまるで起こっていない平和時のときから、それに備えて準備万端整え、おさおさ用意を怠ってはならないことですよ。まあ、うちの場合、仮想敵と考えているのは地元や近隣の三団体。いずれも広域系二次団体ですよ。そりゃ徹底的に調べつくしましたからね。トップや幹部の自宅《ヤサ》から事務所、会社、アジト、隠れマンション、愛人宅、行きつけのクラブや料理屋、理髪店、ゴルフ場、ホテル……兄弟分や親戚関係、友好団体、あるいは稼業の用事がないときの平均的な一日の行動パターン……などなど。すべてパソコンにインプットされてますよ。いつなんどき抗争が勃発しても、うちは電光石火の動きができますから」

とはいえ、E組長、普段はそんなことはおくびにも出さず、その仮想敵とする三団体とはごく普通に渡世上のつきあいをしているという。ことさら敵対視して日ごろから何かといえばすぐに衝突したり、いがみあったりしているわけでもないのだ。

「こちらから喧嘩を仕掛けたり、横車を押したり、強引なことをするなどということは金輪際《こんりんざい》ありません。反対に、そういうことをやられたら黙ってないということですから。あくまでもそのための備えですよ」

とE組長。

E組長がこう続ける。

「私が昔から若い衆にいってきてるのは、おまえら、よそに兄弟分なんてつくるんじゃないぞ、そりゃ、舎弟をつくるのは構わないけど、兄弟分だとか兄貴分だなんてすぐつくるヤツがいるけど、何を考えてるんだ、というんです。だいたい見てると、今日びのヤツは互いに心底惚れあってなる兄弟分じゃなくて、政治的なもんが多いでしょ。それでそれが少しも安全保障条約にも抗争抑止力にもなってないんだね。逆に、兄弟分の盃が、でかいところにとりこまれたり、進出の手段にされてる。そんなもん、クソくらえでね、自分の身は自分で守るしかないんです」

ちなみにE組長自身、よそに兄貴分は一人も持っていないという。

それだけに、よその誰をも当てにしない分、危機管理――有事に備えた組織の防衛態勢というものを徹底的に抜かりなくしているわけである。

「もちろん、うちは情報だけじゃない。情報だけをパーフェクトに握っていても、いざとなったとき、動けるヤツや使えるヤツがいない、道具もない、機動力もない、戦闘資金もないというんじゃ、お話にならないでしょ。そりゃ、さしさわりがあるからくわしいことはいえないけど、すべて万全に準備してますよ。うちは若い衆にしろ、量より質、枯木も山のにぎわいじゃなくて、所帯は小さくても性根のすわった使えるヤツがよそよりいると思うし、道具にしても経済力にしてもしかりですよ」

とE組長。

すべからく危機管理で大事なことも、やはり、人、物、カネということであろうか。

6　リーダーに大事なのは目配り気配りカネ配りである

住吉会の故堀政夫総裁は、よその組織で新しく代目を継承する者がいると、自ら筆をとり、

「侠道界発展のために頑張りましょう」

と墨痕《ぼっこん》もあざやかな巻き紙の手紙を認《したた》めるのがつねだったという。

もらった側にすれば、それがどれだけありがたく励みになったことか、想像に難くない。なにしろ、天下の住吉会の堀政夫直筆のものとあれば、若い親分ならなおさら感激もひとしおのものがあったろう。

堀総裁自身、四十三歳の若さで住吉一家五代目を継承したとき、下関《しものせき》の合田一家初代の合田幸一総長から同じようにはなむけと励ましの手紙をもらったことがあり、それがことのほかありがたく、励みになったのだという。

それがあったので、本人も合田総長を見習って、新代目者に手紙を書くようになったのだった。なかなかできることではないだろう。

堀政夫という人は、そういう気遣い、心配りのできる親分であった。

住吉会主催の宴席では、堀総裁の席があってないようなものであったとはよく知られている話である。なんとなれば、宴会が行なわれている間中、総裁が自ら客といわず誰といわず酌《しゃく》してまわるため、自分の席が温まる暇もなかったからだ。

それは地位のある者ばかりでなく、それこそ末席にすわる、親分のお伴で来ているような若い連中にまで、

「どうだ、元気でやってるか」

と声をかけ、同じように酌をしたというから、されたほうは恐縮すると同時に、感激も大変なものであっただろう。

堀総裁を知る関東のA親分がこういう。

「あれだけの大親分で、誰に対しても平等に、あんな気遣いのできる人というのはもういませんね。実はこの間、堀総裁という人がどれだけすばらしい親分であったか、再認識できるような出来事を目のあたりにしてしまってねえ……」

このA親分が体験した出来事というのは、ある一家同士が料亭で親睦《しんぼく》のための食事会を行なったときのことだったという。

その食事会は双方にとって初めての試みであったが、両者和気あいあいと進んで、なごやかなうちに宴会も終わって成功したかに見えた。

だが、帰りしな、片方の親分が、脱いでいた上着を持ってくるのが少し遅れた若い衆を怒鳴りつけたことで、シラけた雰囲気になったという。

さらにその親分、料亭を出たところで、自分の車がないことで腹を立て、再び若い衆を、

「何やってんだ、バカヤロー！　車を何で店の前につけとかないんだ?!　さっさと車を持ってこいよ！」

とうなりとばしたから、皆のいい気分がすっかり台無しになってしまったとか。

図らずもその現場を目撃することになった件《くだん》のA組長、思わず堀総裁のことを思いださずにはいられなかったという。

「堀総裁なら、自分の上着がどうのこうのという前に、まず相手の親分の上着を手にして自ら相手に着せてやるくらいの気遣いをする人でした。また、料亭の前に車を横づけにし

て待たせるなんてとんでもない。できるだけ店にも他のお客さんにも迷惑をかけないようにしなきゃいかんということを、いの一番に心がける親分でしたから。まして、その料亭の前は狭い道でしたからね。堀総裁はそういうとき、若い衆が運転する車を、『オーライ、オーライ』って、自分で誘導してましたよ」

その親分とは何から何まで違っていたわけである。

そういう気遣いが自然にできる親分であればこそ、あれほどの大所帯をまとめ、大勢の男たちを惹きつける求心力ともなったのであろう。実際、身内ばかりか、他の代紋の人間であれ、全国どこへ行っても堀総裁を褒めこそすれ、悪くいう者は一人としていなかったというのもうなずけようというものだ。

親分たる者、つねにそうした気配り、目配りが大事なのである。

もうひとつ、〝カネ配り〟にも決して心遣いを忘れなかったのが、堀総裁だった。

堀総裁の存命中、宮城県I市に、Oという長老がいた。総裁よりひとまわりほど年長の元渡世人で、隠居した身とはいえ、昭和初期からI市で渡世を張り、かつてはOといえば、戦前の仙台《せんだい》の大親分・西方哲四郎の直系として、東北、北海道はもとより、関東にまでその名を知られた金筋の博奕打ちであった。

戦前より住吉一家二代目の倉持直吉と交流を持ち、阿部重作の住吉一家三代目襲名のときには、東北でただひとり、その総長賭博に招かれているほどだ。

常盆を持ち、戦後いち早く競馬のノミ屋も開業する一方で料亭を経営し、豪邸を建て――とまさに飛ぶ鳥を落とす勢いだった。宮城県の近辺の親分衆でも、若いころOに世話になったことのある者は多かった。何よりOの名は、全国どこへでも出かけて大きな博奕を打つ博奕打ちとして知られていた。

だが、博奕打ちに絶頂期ばかりがあるわけがない。いい目もあれば、悪い目もある。

結局、Oは競馬競輪にのめりこんで財産を食いつぶし、Oの名跡はのちに跡目を継承した者が盛り返したとはいえ、自分自身は落魄《らくはく》の身となった。

そんなOを最後の最後まで事あるごとに面倒をみていたのが、堀総裁であった。

若いころ、多少でもOから受けた恩義を死ぬまで忘れなかったのである。堀総裁が東北を隈《くま》なく旅していた時分に知りあったもので、恩というほどの大袈裟なことではなかったのだが、長幼の序というものを大事にした総裁ならではのエピソードであっただろう。

総裁が亡くなる五ヵ月ほど前のこと、ある義理ごとに出席した総裁は、I市で渡世を張るかねて馴染みのA組のT代行を見つけると、すばやく呼びよせ、

「T君、電気屋の親分のところに、これ頼むよ。誰にも内緒でな」

といって、Tにぶ厚い封筒を託した。

「はい」

と答えたものの、Tは最初、意味がわからなかった。

「電気屋の親分」というのは、地元のI市で、電気屋の前に住んでいる隠居——Oのことだというのはわかるが、どうやら札束が入っているらしい封筒は何だろう、と一瞬とまどってしまったのだ。

「これ、借りてんだよ」

と小さな声で、堀はいかにも照れくさそうに囁いた。

〈ハハーン、そういうことか〉

とTは合点がいったが、まわりに大勢の人間がいる手前、よけいなこともいえなかったから、

「はい、間違いなく預からしてもらいます」

と答えた。

それは百万円入りの封筒で、堀総裁からOに渡される小遣いだった。むろん借りた金な

どでなかったことはいうまでもない。

堀総裁が亡くなって間もなくしたころ、このOに話を聞いたことがあった。Oは堀政夫を「マーちゃん」と呼んでいたというが、こんな思い出を披露してくれたものだ。

「東京へ遊びに行ってもね、金がなくなるとついホテルから『マーちゃんいるかい』って、事務所（住吉会本部）に電話してました。そうすると、三十分以内にお金を五十万でも百万でもホテルに届けてくれるんです。マーちゃんはね、そういうときも、『すぐに届けますから、人にいわないでくださいよ。そしてこれは決して返さないでください。いくら金ができても返してもらっちゃ困りますよ』といってくれましたね。普通の親方じゃできませんよ」

Oもかなり図々しく甘えたわけだが、それに律儀に応えた堀政夫も、かえすがえすもなんという気の遣いかたをした親分だったのだろうかと思ってしまう。

前出のI市のT代行も、たまたま千葉県野田《のだ》市の堀政夫邸にいあわせたとき、このやりとりを聞いてしまった一人だ。

Oからの電話が住吉会本部にあって、責任者がその旨《むね》を、自宅にいる堀に電話で伝えてきたのだ。

堀総裁は例によってOに小遣いを届けるよう、事務所に指示して電話を切ると、

「T君よ、おとっつぁん、まだ競馬やってんのかい?」

とTに訊いた。

「いえ、私もちょいちょい水沢や福島(競馬場)へ行くんですが、叔父さんとは全然会わないですよ」

TのOに気を遣った言葉に、堀は苦笑いを浮かべながら、

「おとっつぁんにバクチだけはやらしちゃダメだぞ。頼むよ」

というのだった。

Oが博奕で失敗したことを知っていればこその言葉であり、Tには堀総裁のやさしさがしみじみと胸に沁みてならなかったという。

トップに大事なのは、絶えざる目配り、気配り、カネ配りであるというのは、こういうことをいうのである。

7　部下をコロッと参らせる人心掌握術を身につけよ

屈指の武闘派として有名な二人の親分を、身近で取材したことがあった。この二人、武闘歴といい、その姿勢といい、ヤクザとしてずいぶん似たところはあっても、若い衆に対する接しかたは対照的だった。

仮にA組長、B組長とすると、A組長のほうは客がいようが誰がいようが、若い衆のちょっとしたミスも許さない。外部の人間がいる前でも、ヘマをしでかした若い衆に対しては、

「このバカヤロー！」

と容赦なくぶん殴り、ヤキを入れる。それも手加減なしである。

一番の怒られ役は、秘書役の「組長付」というポストに就いている幹部で、文字通り組長と一緒にいることが最も多いから、それこそ四六時中殴られっ放し。ときには目のまわ

りも腫《は》らしていることもある。こちらから見ていても、そんなたいしたミスとは思えないときでも、「バカーン！」とやられるのだから、たまったものではない。

A組の若い衆は、組長の前ではいつも神経をピリピリさせていなければならないのだ。それでも逃げだす者もいなければ、叛乱や謀反《むほん》を起こす者もなく、皆、A組長に心酔している様子がありありとうかがえる。組のために体を賭け、長い懲役をつとめている者もよそよりはるかに多い。

怒られ役の組長付も、

「殴られるのはもう慣れっこになってますから。そりゃ、ときには、何でもないことで殴られ、理不尽だと感じることもありますが、しょうがないですよ。もう組長付として四年になります。うちの組長付が四年つとまればどこへ行ってもつとまるとよくいわれますが、私も自信がありますよ。カタギだって立派につとまるでしょ。けど、私は殴られようが何されようが、うちの組長が好きなんでね、どこまでもついていきたいと思ってますから」

というのだから、あれだけ理不尽なヤキをいれられているのに、少し不思議な気がした。

一見すると、暴君の恐怖政治による一元支配とも見紛《まが》いかねないのだ。知らない人には、ただ単にA組長という絶対の権力者が、大勢の組員たちの上に君臨して、若い衆を情け容赦なく使い捨てにしているだけのこと──というふうにしか見えないかも知れない。

だが、それだけならはたしてあれほど強力な組織力、一枚岩の結束力が生まれるものだろうか。

昨今はヤクザ界でも、本来タブーであるはずの子分の親分殺し、造反などもときとして起こっている。もし、A組の結束力が恐怖支配によるだけのものなら、むしろいつそのようなことが起きてもおかしくないのが、ヤクザの世界というものであろう。恐怖政治に羊のように従順に従うだけの意気地のない者がヤクザをやっているとは到底思えないからだ。

そうではなくて、やはりどう考えてもA組の強さは、強靭《きょうじん》な親子の絆《きずな》、濃厚なファミリー意識によるものとしか思えない。カリスマともいえるA組長が、大勢の若い衆の心をガッチリと摑んでいるのである。

A組長をよく知る他組織の関係者がこういう。

「そりゃ確かにA組長という人は、人が知るような武闘派でね、獰猛《どうもう》といってもいいくらい、性格は攻撃的でかなりきつい親分ですよ。若い衆を殴る蹴るは当たり前でしょ。しかし、それだけなら若い衆がついてくるはずがないですよ。誰が親分のために命を賭けますか。反面で、ものすごく情のある親分でね、若い衆思いなんです。たとえば、抗争事件で犠牲になった若い衆のためにお地蔵さんを建立《こんりゅう》してね、朝に夕に手を合わせてるような人ですよ。そういう姿を若い衆は見てますからね。たまらなく魅了されるんでしょう」

あくまで心と心の結びつきがあっての強さというわけなのだ。

さて、もう一人の武闘派、B組長の場合、そのたどってきた足跡を見ると、A組長同様、過激な抗争を繰り返してきているのだが、それとは裏腹に、物腰はいたって穏やかで、ソフトである。

若い衆に対しても人前で怒鳴ったり、手をあげたりすることも、まず見られない。若い衆のちょっとした失策に対しても、ああ、こういうときA組長なら間違いなくうなりとばし、張り倒すだろうなと思われる場面でも、苦笑しながら、

「おまえなあ、それはないだろ」

という程度なのだ。

それでもA組長同様、若い衆からいかに怖れられているかは、その様子を見ればありあ

りとうかがえる。Ｂ組長がいるときといないときでは、幹部や若い衆の緊張の度合いがまるで違うのだ。

「そりゃそうですよ。うちの親分はヤクザのなかでも本物中の本物。メッキと違って金ですから。本物の前では緊張しますよ。それとうちの親分は根っから真面目で、浮わっついたところのかけらもない人。年柄年中ヤクザのことばかり考えてるような人ですからね。親分の前では神経がピリピリしますよ。とはいえ、若い衆をきつく叱るとか、ヤキをいれるとか、そういうことはいっさいない。あくまでもわれわれに対しては、自分の背中——生きざまを見せるだけ。とにかくうちの若い者は皆、親分の信者みたいなもんでね、理屈じゃなくて皆が信奉してるんですよ」

とは、幹部の弁だった。

いってみれば、これまたＡ組長同様、カリスマ性のゆえということであろうが、そうであるにしても、Ｂ組長がそこまで若い衆たちの心を摑んでいるのは、他に理由はないのだろうか。

別の幹部がこういう。

「いま、うちの若い衆で無期をつとめてる者がいますが、この男はその前も組のために体をかけて十年くらいの刑をつとめてる。それも帰ってきて五年もしないうちに、また体をかけて今度は無期懲役ですよ。親分のことが好きで好きでたまらないという男でね、二度目のときに死刑求刑が出たときも顔色ひとつ変えず笑ってましたね。それだけ親分のためならひとつも悔いはないという男でね、別に親分がこの男に何をしたということもないんですが、ともかくそれだけ情のかけかたが半端じゃなかったということでしょうね。それはこの男だけに限らないんですが……」

つまり、A組長B組長ともども、人心掌握の最大のキーポイントであろう〝情〟というものを人一倍持ちあわせているということだろう。まさに義理と人情のヤクザ渡世、若い衆をゴミのように使い捨てにして顧《かえり》みない親分では、誰もついていくまい。

関東で渡世を張る、ある広域系組織の直参であるC組長にも、先代の本家親分との思い出で、こんな話があるという。

C組長がまだほんの駆けだしのころで、本家に行儀見習いとして部屋住みに入っていたときのことだ。もうだいぶ昔の話である。

その夜は本家で賭場が開帳され、朝がたに終了し、Cも親分衆の世話をしたり、何やかやと雑用に追われ、クタクタになって、そのまま部屋の片隅でへたりこんでしまった。兄ィたちも引きあげたあとだったのだ。

壁にもたれたまましばらくじっとしていたCだが、そのうちに驚いたことに、Cにとって口もきいたことのない雲の上の人である本家親分が、一人でブラッと部屋に入ってきたという。

Cは内心で大いにあわてふためき、仕方なくそのまま眠ったふりをすることにした。すると、その本家親分、Cを見るや、廊下に引き返し、

「おおい、誰かいないか」

と人を呼び、駆けつけてきた者に、Cを指さし、

「あの若い衆に毛布を持ってきてやれ」

と命じたという。

そのうえで、本家親分、自ら毛布をCに掛けてくれたというから、これにはC組長、あまりのことに身も震えるような感動を覚え、

〈オレのような者のために、本家親分が……オレはこの親分のためならいつでも死ねる〉

と心から思ったという。

人心掌握の達人といわれた親分ならではのエピソードであっただろう。

8　リーダーは時代への柔軟な対応力と、時代に即応できる組織づくりが肝心である

三代目山口組にあって柳川組といえば、山口組全国制覇の尖兵《せんぺい》として各地に怒濤《どとう》の進撃を展開し、〝殺しの軍団〟の異名をとった超武闘派組織としていまも語り草となっている。

二代目柳川組の谷川康太郎組長は、単に武闘派であるだけでなく、当時とすればかなりの開明派でもあったようだ。二代目柳川組を継承するや、ただちに組の近代化にとりくんでいるのだ。

すなわち、会長―組長―相談役―舎弟頭―若頭というタテの統制のほかに、舎弟の古参八人で風紀委員会をつくり、組織局・人事局・厚生局・情報局・渉外局・地方局・統制局の七局を統轄させた。

飯干晃一《いいぼしこういち》の「実録柳川組の戦闘」（徳間書店）によれば、谷川康太郎はその主旨を幹部たちにはこう説明したという。

「人事局長というのは、柳川組にどれだけの人間がおるのか。その人間はどんな生活をしておるのか。めいめいの人間のタテとヨコの関係をよく知っておく仕事である」

「厚生局長は刑務所にはいっておる人間の家庭の面倒をみなければならない。金のないところには見舞いをかかさずに持って行ってやって、保護するのが厚生局の仕事である。組の人間を堅気にする更生とは違うで。間違えるなよ（笑）」

「情報局長の仕事はたいせつだぞ。どこの組にはどういう人間がおるとか、どこの四天王にはどういう者がおるとか、親分は常にどこに飲みに行って、どこにどんな女を囲うとるとか。喧嘩になってから、敵の親分どこにおるやろ、二号どこにおるかと聞いても誰が教えてくれるか。日ごろからこれは知っておく必要がある。ましてや、その地図ぐらいはいつも頭に入れておかなくてはならん。ましてや、どことどこが兄弟関係で、どういう風になっておるのかをよく勉強しておけい」

この時期が昭和三十九年ということを考えれば、谷川の先見性は際《きわ》だっていよう。

こうした先見性こそいつの時代であってもリーダーに要求されるものであり、とくに昨今の厳しい時代、大勢の部下を路頭に迷わせないためにも、時代に即応できる組織づくりということが何より必要になってこよう。古い固定観念にのみとらわれていたのでは、組織の弱体化・崩壊にもつながりかねない。

そういう意味で、組織の近代化という点では、一歩も二歩も立ち遅れていたのが、かつての北海道・東北のテキヤ社会であったかも知れない。そのあたりの弱さが、広域系博徒組織によって切り崩しを受ける一因となり、雪崩《なだれ》をうってその傘下となるテキヤ組織が続出する現象が起きたものだった。

全国に拠点を築く大きなテキヤ組織であっても、タテの線がきわめて弱く、指揮命令系統がはっきりしなかったこともその理由としてあげられよう。

仮に本家（テキヤは宗家という）が東京にあって、六代目の代になっていたとしよう。当然ながらこの宗家の六代目を継承した者が、関西流にいえば代紋頭ということになり、トップとして一門のすべての者の上に君臨することになるはずだが、必ずしもそうはならなかった。

初代の分家を名のったAという男の譜（系譜）が北海道にあって、A四代目の代となる組織があるとすると、それがさながら同じ代紋なのに宗家とは別組織のような観を呈していたのだ。

むろん宗家六代目と初代分家A四代目とは盃はない。A四代目は宗家六代目の舎弟でも若い衆でもなく、まるで北海道で独立組織を張っているふうなのだ。

同じように宗家二代目の一家を名のったBという者の譜が東北にあって、これがB三代目の代となってB連合会という組織を形成していたとする。これまたB三代目は宗家六代目とは親子、もしくは兄・舎弟の盃はなく、場合によっては昔から兄弟分の縁を結んでいたりする。しかも、宗家の代をとってもその盃が直されることはなく、兄弟分は兄弟分のままなのだ。

ちなみに、このテキヤの分家名のり、一家名のりというのは、ある種のノレン分けのようなもので、神農様（親分）と認められた証《あかし》でもあるのだが、これがネズミ講のように全国に拡がっていく。つまり、タテの線が強くなるどころか、横へ横へと拡がるしくみになっているのだ。

かくて宗家とA、Bとは代紋を同じにするというだけの話で、その関係はきわめて弱かった。Aが山口組の傘下になろうが、Bがどこぞの大組織に加盟しようが、宗家とすれば、それを阻止する術もなかったわけである。

いってみれば、決して一枚岩ではなく、タテの線がきわめて脆弱《ぜいじゃく》なテキヤのそうした組織的な弱点が、広域系博徒組織の格好のターゲットとなったのだった。

とはいえ、かつての北海道・東北のテキヤ社会で起きた広域系博徒組織への鞍替《くら》え、系列化現象というのは、広域組織による切り崩しだけが原因だったわけではなかろう。若者のテキヤ離れ、広域系博徒組織への憧れというのも、抜きがたくあったのも確かなところであったようだ。

「年功序列がまかり通っていて、上には年とった連中がいっぱいつかえてる。なにしろ、跡目を譲っても、それが即引退を意味せず、しばし最高顧問といったポストにすわって何かと口を出してくる。そんな長老たちはテキヤの昔のいい時代しか知らないからね、昔の夢ばかり求めてる。若い人にすれば、いくらやる気があっても出世できるチャンスというのがあまりない。それじゃ、どうしても、若い連中は、実力主義に徹した、実績や手柄次第でいくらでもチャンスを与えてくれる組織のほうに魅力を感じるし、そっちに目が行きますよ」

とは、消息通の弁であった。

そんななか、どこよりも早く近代化に着手したテキヤ組織があった。

わが国最大のテキヤ組織である極東会（松山真一会長）で、テキヤの有史始まって以来の大改革に取りくんだのである。

極東会は、「極東」の名づけ親である関口愛治を初代にして、二代目山口城司—三代目小林荘八—四代目田中春雄—五代目松山真一と続く譜だが、当代の松山会長が平成五年十月に五代目を継承するや、間もなくして断行したのが直参制の導入だった。

翌平成六年十二月、松山真一会長と幹部との間で、親子盃、兄・舎弟盃が交わされたのである。松山五代目を頂点とする直参ピラミッド型組織体制構築に向けての第一歩であった。

これはテキヤ組織においては画期的なことであった。これほどの大組織がタテの線で一本化されるということは、従来のテキヤ組織にはなかったことだった。

「やっぱり強い組織ということを考えたら、その形態としては直参制——ピラミッド型に勝《まさ》るものはないですよ。トップと幹部とがしっかり親子の契《ちぎ》りで結ばれていなければウソでね。そうでなければ、同じ代紋の者が他組織と抗争してても、一家が違うからオレは関係ないや——なんてことになってしまう。テキヤの場合、組織機構的にどうしてもそこらへんが弱かったからね。それを確固とした一枚岩の組織形態に変えたのが極東会。ブロック制を導入したのも他に先駆けてた。いわば先駆者だね」（前出・消息通）

この激動の時代、リーダーたる者は組織を維持発展させるために——いや、生き残るためには、つねに時代の先を読み、どんな時代にも即応できる先見性が必要であるということだろう。

9　適材適所を見誤ってはならない

戦後、〝銀座警察〟として名を馳せた住吉一家大日本興行初代会長の高橋輝男という親分は、人材育成の名人、名伯楽《はくらく》としても知られていた。

何より若い連中の面倒をみるのが好きで、昵懇《じっこん》にしていた詩人の菊岡久利《きくおかくり》にも、

「僕の趣味は、若い人を育てることなんですよ。先生が提唱される『若い人を大切に』ということを肝に銘じて、若い連中をバックアップして少しでも力になってあげ、それで彼らが一本立ちしてくれれば、僕は何よりうれしいし、それが生き甲斐になってるんですよ。いつかはきっと、東南アジアに骨を埋めるような連中を育ててみせますよ」

と口癖のように語ったという。

高橋輝男の夢は、いつかは東南アジアに渡って根をおろし、そこで貿易をしたり、日本の同志たちを支援できるような根拠地をつくること。そして、医療、教育、技術などいろ

んな分野で当地に貢献できる若い人たちを送りこむこと——というものだった。

時代は昭和二十年代のことで、気宇壮大というか、とても狭い日本で縄張りがどうのこうのといっていたヤクザの発想ではない。

高橋輝男の人を見る目、若者の個性や特性、適材適所を見きわめる目はずば抜けていた。舎弟でも、ヤクザでしか生きていく術《すべ》のない者こそヤクザの道へ進ませたが、カタギのほうが向いていると判断した者には、それに適した仕事に転化させたという。

たとえば、舎弟のなかでも詩才や文才に長《た》けた男がいた。それをいち早く見抜いた輝男は、彼を菊岡久利のもとへ弟子として送りこんだ。男はのちに詩人として才能を開花させている。

また、菊岡久利の師でもあった右翼の頭山秀三《とうやまひでぞう》のもとへ送りこんだ舎弟もいた。民族派運動への志を知っていたからで、この舎弟——豊田一夫が結成した殉国青年隊に対しても、高橋輝男は物心両面での多大な援助を惜しまなかった。この豊田一夫の一門（塾を主宰し、また学生・青年民族派運動を育てた）からは、高名な政治家も多く輩出している。

高橋輝男は事業においても凄腕《すごうで》を発揮、手広くビジネスを展開していた。

もともと大日本興行というのは、ボクシングのプロモートを専門に行なう株式会社で、とくに日本で開催されるプロボクシング東洋選手権はここを通さずには実現不可能であった。戦後初めてボクシングでの世界チャンピオンを日本に呼んだことでも知られている。アメリカの世界フェザー級チャンピオン、サンデー・サドラーである。

「九州硫黄《いおう》株式会社」という会社も経営していた。大分・別府《べっぷ》の硫黄鉱山を買いとって始めた鉱山事業である。住友パルプや宇部ソーダ、小野田セメントといった大手企業と取引きがあったという。

その後、映画製作にも手を染めたし、あるいは、知りあいの社長から、

「六百台のタクシーを抱える都内のタクシー会社か、神田の『一元青果』っていう青果市場のどっちかを経営してみないか。資金も出すから」

との話を持ちこまれ、

「それなら男らしくて威勢のいいヤッチャバのほうがいい」

ということで、青果市場「一元青果」を経営したこともあった。

当時、「一元青果」は、八百万人の東京都民の台所を賄《まかな》っているといわれた最大手の青果市場であった。

昭和二十年代ということを考えれば、ヤクザの親分という次元を超えたスケールの大き

さである。なにしろ、当時のヤクザ者といえば、どうしても縄張りだとか、博奕のテラがどうのとか、みかじめ料といったことしか頭になかった時代だ。

それはともかく、高橋輝男はこうした事業でも、舎弟のなかから才覚のある適任者を選んで、責任者として担当させている。そのうえでヤクザの足を洗わせ（いまならさしずめ〝企業舎弟〟といったところか）、カタギとして事業に専念させたのだ。

ボクシングのプロモート、鉱山事業、青果市場という、それぞれの事業に適した者を見きわめてのことだった。いずれも順調に業績を伸ばしていったというから、高橋輝男の目に狂いはなかったわけである。

それでいて、ヤクザ渡世の「大日本興行」のほうでも、後継者を育て、確固たる地盤を築きあげた。

高橋は志半ばで、三十四歳にして世を去ったが、その譜は、初代高橋輝男―二代目高橋伸治―三代目伊藤嘉彦と続いて現在に至っている。

適材適所というけれど、人間、所を得ると、見違えるような働きをすることが往々にしてあるものだ。

「地位が人をつくる」

という言葉もあるように、まだ器量も実力も足りず、そんな大きなポストに就《つ》けたのでは荷が重すぎるだろうと思われていた男が、どうにかこなしていくうちに、しばらくするとそのポストにふさわしい貫禄になってくるなどという話もよく聞く。

都内で渡世を張るK組長がこういう。

「どんな若い衆にもいいところがあるんです。それを見きわめ伸ばしてやるのが上の仕事ですよ。うちにも単細胞で喧嘩しか能のないような暴れん坊がいて、年柄年中刑務所ばかり行ってた。いい男なんだけど、こらえ性がない。だけど、きっかけ次第でグンと伸びる可能性を持ってる男と、私は見てたんです。で、こいつが三十歳のとき、ちょうど三年の懲役から帰ってきたばかりのとき、私は思いきってこの男に、うちの組の『若者総責任者』というポストを与えたんですよ。そうしたら、変わりましたね。それを機に、見違えるように我慢できる男になって、予想以上に伸びてくれました。いまはうちの本部長をやってる男ですがね」

この本部長、二十代のころはまわりからどうしようもないただの暴れ者としか見られていなかったのだが、やはりどこか人とは違っていたのだろう。

それを見いだし、押さえつけずに伸ばしてやったK組長はさすがというべきであろう。K組長から若者総責任者に任命されたとき、この本部長、三十歳の若さで、臆するどころか、

「わかりました。その代わり、親父さん、ひとつお願いがあります」

とK組長に申し出たという。

「何だ？」

「私は性格的に、これこれこういうことをやりたいんですが、よろしいでしょうかとおうかがいを立ててから物事をやることはできません。力及ばなくても自分なりに精一杯やりますから、報告はすべて事後報告にしていただけませんでしょうか」

と大胆なことをいってくるから、これにはK組長、ニンマリとして、

「いいぞ」

と答えたという。

この時点ですでに、自分の見立てに誤りはなかったと確信が持てたという。

「ヤクザの組織も適材適所が大事なんだね。これを見誤ると、とんでもないことになるし、あたら有能な若い衆の育つ芽をつんでしまうことにもなりかねない。実務能力に秀で

てはいるけれど、対外折衝が苦手だという者を渉外委員長のポストに就かせるわけにはいかないし、顔が広くて交渉力のある男を事務屋にしたんでは宝の持ちぐされで、組織の発展もないですよ」

とK組長。

10　家庭を治められない者に、組織を治められるわけがない

東日本の某地方で渡世を張るT会長は、稼業を離れれば、三人の男の子を持つ父親であり、家庭人としての顔がある。

家族は大所帯で、夫人、高校三年生、高校一年生、中学一年生の男の子が三人、夫人の両親、T会長の母親という構成の八人家族。いまどき珍しい大家族である。

Tは、男にとっては家庭こそ基本――という考えの持ち主。

「家庭という小さな城を築けない者が、出城を出せるはずもないし、それより大きなものも築けないと思う。大きな家を建てるといったって、まずは杭を打って土台をつくるもんなんだから。その小さな家庭さえもつくれない者が、大きなものの上に立つなんて、到底できないと思う。まして家庭内の参謀である女房を律することができなくて、何ができますか」

家庭を治められない者に、組織を治めることはできない——というのが、T会長の持論なのである。

というと、ヤクザらしからぬ軟弱ないいぶんに、いわゆる武闘派ならぬ温厚派なのではないかと思う人もいるかも知れないが、それが大違い。

T会長といえば、音に聞こえた武闘派として知られ、Tが渡世を張る地域における抗争史の数々の担い手となってきたばかりか、自らいろんなゴタゴタを収めてきた人物としてつとに有名である。

地元の関係者がこう証言する。

「昔からいろんな間違いや試練を経て、ここまで来た親分でね、どんな事態になっても動じないし、一歩も引かない人ですね。どんな人間でも命は一つだ——というのが口癖でね、自分のほうに筋があるときはとことん引かないでやってきた親分。そうやって自分の立場をつくってきた人ですよ。まあ、武闘派ではあるけれど、カタギの人気も一番ですね」

そんな武闘派が、「何より家庭が基本」というギャップが面白いのだが、T会長はT会約百人からの若い衆をひきいる身であり、また上部団体にあっては代行というナンバー2

の要職を担っている。

「百人からの命を引きずりながら行くんだからね、責任は重いですよ。これ、家庭を治められない男が、はたして組織の会長としてやっていけるかどうか。まずは家庭を基本にし、家庭を鏡にして、それでもって、ひとつの小さな組ではあるけれど、家庭の大きなものが組だと思ってやっていきたいという気持ちでいるんですよ」

とT会長。

夫人とは結婚して二十年。いまだかつて喧嘩らしい喧嘩もしたことがなく、夫婦仲はいたっていいという。

T会長は役職ゆえに対外折衝的な仕事やつきあいが多く、全国を飛びまわるから、どうしても家を留守にしがちになる。そうした稼業のことだけでなく、趣味の世界——書画骨董の収集、遺跡めぐり、土佐犬の大会などで、あっちこっち出歩くこともあって、なおさらそうなるのだが、家庭はきわめて円満である。

「女房の両親や私の母親と一緒に暮らしていますから、私がいなくても全然寂しくないし、かえってそれがいい結果となってるようですよ」

とTはいうのだが、もとより家をあけるのは、前述のような理由ばかりでなく、ときに

は〝男の甲斐性〟によるせいもあって、朝帰りすることもあるが、夫人は知って知らんぷり。賢夫人なのだ。なにしろ、

「私は男の子三人を生んで育てているんですから、どんな女が束になっても、私に勝てっこありません」

といって笑いとばす女性なのだから、できた姐さんである。

とはいえ、映画の「極道の妻《おんな》たち」のドスをきかせた啖呵《たんか》を切るような姐さん像とは似ても似つかない。どこから見ても、普通の家庭の主婦そのもので、明るく気さくな姐さんである。

T会長もこういう。

「私は女房にいうんですよ。おまえ、女にモテないような男じゃしようがねえだろ。オレには、外で女がズラリと並んで待っているんだ。今日はどれにしようかと思って、毎日、悩みに悩んでどっかへ行くんだから、とにかくおまえ、そんなの見ないふりしろよ、って。そしたら、アハハハと笑って終わり。女房はそれくらいの肚《はら》は持ってますね」

その代わり、T会長も、夫人の前では絶対にボロを出すようなことはしない。

「家庭を壊してまでよそに女をつくったりするような男じゃない、と女房は知ってますか

らね。よしんば浮気したって、そうしたことを家庭に持ちこむような真似はしないですよ。女房に嫌な思いをさせたり、寂しい思いをさせるようなことは間違ったってしませんé」

と、T会長、女のほうはかなり盛んなのだが、夫人にはそれなりに筋を通しているわけである。

Tは一度結婚に失敗しており、いまの夫人とは再婚になる。夫人と出会ったのは、二十年前、まだT会長の親分である先代が生きている時分のことであった。そのころT会長は三十歳のバリバリで、先代にはつきっきりで仕えていたときだ。

先代は昔気質《かたぎ》の侠客《きょうかく》といってもいい親分で、地元にはカタギのファンも多く、人望もあった。そんな先代のもとに出入りする人間も多かったが、そうした一人に、どの組織にも属さない一匹狼の博奕打ちがいた。

というより、いわば愚連隊のようなものだが、もともとは資産家の息子だった。が、どうにも賭けごとが好きで、遊んでいるうちに財産を食いつぶしてしまった。

ある日、その男の家が火事になり、T会長は親分の供で見舞いにと赴《おもむ》いた。

「どうせ家は銀行の抵当に入ってるんだから、いいんだ。燃えちまったものはしようがねえ」

と男はうそぶくのだった。家は燃えつきていた。

「どこか住むところはあるのか？」

と先代が訊ねると、

「いや、いまから探しますよ」

と、男は答えた。

「それなら私の借りてるアパート、二部屋ありますから、一部屋を使ったらどうですか」

と申し出たのは、やりとりを聞いていたT会長だった。当時、Tは自宅の前のアパートに二部屋借りていたのだが、部屋の広さも三DKあって、その中年の博奕打ち夫婦が住むには手ごろと思ったのだ。

「それはありがたい」

と、男はTの申し出に感謝し、さっそくそのアパートで暮らすようになった。

一カ月ほど経ったときのことだ。Tが見ると、男の部屋に、パーマをかけた若い娘が出入りしているのがわかった。

「誰、いまの？」

Tが訊いてみると、

「いやあ、娘なんだ。いま、働くとこなくて困ってるんだ」

と博奕打ちは答えた。娘は十九になり、高校を出たばかりだった。博奕打ち夫婦の一人娘だった。

そこでT会長は親戚のやっているスナックを紹介、娘はそこで働くようになった。

この女性が現在のT会長夫人である。

結局、T会長は彼女と結婚し、その両親とも一緒に暮らすようになり、現在に至っている。いってみれば、親も娘も丸ごと面倒みることになってしまったのである。

「女房は勝ち気ですよ。仮にオレがどこかで喧嘩してると聞けば、自分で吹っ飛んで来かねないようなところがある。そういう性格なんですね。だから、よそと稼業上の間違いが起こり、抗争が始まったとするでしょ。そうすると、万が一のことを考え、私は、『おまえは家を出て親戚の家に行ってなさい』というわけ。けれど、女房は絶対行かない。そんなもん来たってね、私たちが悪いことしたわけじゃないからいいや、と。そういう意味じゃ、この稼業に理解があるというか、父親に揉まれた娘というかねえ……」

とT会長は笑った。

11 青幇《チンパン》の巨頭――〃上海のゴッドファーザー〃と呼ばれた男に学ぶリーダーシップ術

① 前へ、前への姿勢を貫けば突破口は開けるし、秀れた部下も集まってくる

二十世紀初頭の中国において、「青幇《チンパン》」の総帥として全組織の上に君臨し、〃上海の教父（ゴッドファーザー）〃と呼ばれた男がいた。

杜月笙《とげつしょう》である。

「杜月笙が片足でドシンと床を踏めば上海中が揺れ動き」

「杜月笙の右のコブシがテーブルをドンと叩けば上海の暗黒街に血の雨が降る」

といわれた男。それが杜月笙という青幇の頭目である。

では、青幇《チンパン》とは何か。

青幇とは、紅幇や三合会などとともに旧中国の秘密結社の一つであり、その最も有力な

組織であった。「幇」とは組ないしは会のことであり、もともとは手工業者の同業団体や大都市での同郷集団を幇と呼んでいた。

青幇はもともと揚子江に沿った華中地方の水運労働者、つまり舟乗りや水夫、苦力《クーリー》と呼ばれる港湾作業人が十五〜十六世紀にかけて結成した互助組織とみなされている。別名を「清門」「安清幇」「清門羅清」ともいい、仏教の禅宗（臨済宗）の教義一部を組織の規約のなかに取りこみ、清朝を倒して再び漢民族の国家を再興するという、いわゆる「興漢滅満」の政治思想をバックボーンにしていた。

十九世紀の中ごろ、運河の途絶などで水運が不振になり失業状態になった一部の幇員は都会に流れこみ、土地の遊民、ゴロツキを制圧して暴力団地下組織を次々につくりあげた。

中国最大の国際都市上海では、港湾・交通労働、退役兵士、露天商、下級警察官などを組織に糾合して隠然たる地下集団と化した。最盛時には揚子江一帯に会員数約二百万人を数えたともいわれる。

孫文《そんぶん》らによる清朝打倒の辛亥《しんがい》革命では多くの幇員が革命の尖兵として参加し、「興漢」の理想を達成した。

ところが、革命によって中華民国が創建されると、最大の組織目標を失った青幇は完全なマフィア集団へと転身する。アヘンの流通を最大の資金源とし、賭場、遊技場、娼館、飲食店の経営で巨利を収め、映画、演劇などの興行の世界を一手に牛耳り、上海市内には当時世界最大の娯楽センターと呼ばれた「大世界《ダスカ》」を経営した。

幹部は政界、実業界にも進出して上海経済の実権を完全に掌握し、蔣介石国民党政権のパトロンとして国内政治にも影響力を及ぼしている。

この時期の青幇《チンバン》の名は「グリーンギャング」の名で国際的にも知れ渡り、名実ともに世界最大の暴力集団として悪名を馳《は》せていた。この時代の青幇を支配していたのが「三大亨」（三大ボス）と呼ばれる男たち——黄金栄、張嘯林、杜月笙の三人である。

実は杜月笙は黄金栄の身内であり、黄のもとで修業した男だった。張嘯林は黄の舎弟格で、年齢も杜月笙より十一歳も年長で杜の兄貴分であった。だが、杜月笙は持ち前の才覚と手腕を発揮して頭角を現わし、実力のうえではこの二人を完全に凌駕《りょうが》していた。

杜月笙の配下にある青幇の子分たちの数については正確な数字は不明だが、一九三〇年代後半にはおそらく十万人を上まわっていたと目されている。直接息のかかった舎弟だけでも百人はくだらなかった。そのうちでも最も有名な大幹部には金廷蓀、万墨林、顧嘉棠、揚啓棠、陸京士など、いずれも百戦錬磨の猛将である。

このうち、金廷蓀は杜月笙の有力な財源のアヘンを一手に取りしきる、いわば金庫番であった。浙江省《せっこう》寧波《ニンポー》の出身で、少年時代に上海へ流れバンド（埠頭）のゴロツキとして暴れまわっていたが、青幇の人間を介して杜月笙に拾われた男だ。上海では、

「金廷蓀が首をタテに振らなければ、アヘンの取り引きはできない」

といわれたほどの大物で、杜月笙の一の子分としてその信頼も厚かった。

万墨林は戦闘部隊の統率者で抗争の指揮をとり、要人の誘拐やテロなど血生臭い事件の陰には必ず万墨林の姿があった。

陸京士は左翼の出身で、かつて組合活動、労働運動に携《たずさ》わっていた。その豊富な経験を買われ、杜月笙が介入した労働争議の調停役として労資双方の間に立ち、多くの労働紛争を手際よく解決に導いた男である。

彼らはいずれも青幇の有力な幇員で、度胸もあり、勇敢で信義に厚く、知力にもすぐれ、アウトローながら人々の尊敬を受けていた。

杜月笙の配下には青幇に加盟していない者も多数いた。実業家、高級軍人、政治家、ジャーナリスト、文化人など上海では名前の知られた著名人である。こうした表社会の人間

を結集して組織した結社が「恒社《こうしゃ》」であった。

杜月笙が「二つの顔を持つ男」といわれたゆえんである。「青幇」の巨頭として上海の暗黒世界に帝王として君臨し、「恒社」を通じて上海の政財界の王座の椅子を獲得したのだ。彼を名実ともに〝上海の教父――ゴッドファーザー〟に押しあげたのも、杜月笙自身の才覚もさることながら、こうした有能な子分たちの支えがあってこそといっていい。

では、極貧の家庭に生まれ、幼年時代に両親を失い、上海バンドのゴロツキだった一介の不良少年から身を起こしながら、青幇の巨頭にのしあがり、さらには中国の現代史にも影響を行使するほどの大物に昇りつめた杜月笙を支えた信念、バックボーンとは何だったのだろうか。

それこそは生涯を貫き通した「前へ、前へ」の姿勢であった。

杜月笙が十三歳になったとき、人づてで上海の果物屋「鴻元盛」の丁稚奉公《でっち》することとなるが、そこは上海バンドの南端、十六舗《セロッポ》にあった。

杜月笙は果物屋の丁稚として真面目に奉公した。若いころの杜の仇名《あだな》は「水果月笙」という。「水果」というのは果物のことだ。丁稚時代に一日に何百個という果実の皮をむいていたため、ナイフさばきが抜群で、極道世界でいっぱしの兄貴格になっても、人と話をしながら梨やリンゴの皮をまたたく間に手際よくむくことができたのだ。それが仇名の由来だった。

身を粉《こ》にして働く杜は親方や先輩たちにもかわいがられたが、いつまでも果物屋の店員に甘んじている気はさらさらなかった。祖母に見送られて故郷を出るときから、幼い胸に、

「オレは必ずひとかどの大物になって故郷に錦を飾ってやる」

と深く誓っていた。

だが、学問もなければ後ろ楯になる身内すらない少年にとって、陽のある世界での出世はあきらめるしかないことだけはわかっていた。果物屋の店員として奉公している間に、上海には表と裏の世界が混在していることがはっきりとわかったのだ。

そして裏の世界ならば腕っぷしと才覚さえあればメキメキと頭角を表わし、やがては表の世界の住民をもひれ伏させる大物になれることを知る。その見本が後に彼がその身内となるフランス租界の大ボス、黄金栄だった。

暗黒世界に足を踏みいれることに何のためらいもなかった。悪は闇の社会にあるのではなく、老いた祖母と親のない子どもを飢えさせる貧しさのなかにある。善悪の判断は世の

中の倫理道徳にあるのではなく、自分自身の胸の中にある。

ならば、あの船着場の岸壁に崩折れながら杖を振って見送る祖母を、涙の眼で見やりながら心に誓った「大物になってやる」という夢を実現させる努力こそ善そのものではないか。

これが杜月笙の哲学であった。このきわめて実存主義的な信念こそ、杜月笙の生涯を貫く「前へ、前へ」――限りなき前進の姿勢の強靭《きょうじん》なバネとなっている。

② 危機こそ好機である

危機を好機に転じること、これは究極のサバイバルである。古来、兵法の奥義は危機を好機に転ずることとされ、戦術、戦略の大家は「危機は神機なり」と喝破している。

杜月笙が闇社会の頂点を極めたばかりでなく、表の世界にもほしいままに君臨し得たのは何故であるか。生涯不屈敢闘精神を貫《つらぬ》き、つねに危機にひるまず事に処し、時には捨て身で難事にぶちあたり、ついには危機を好機として歩一歩着実に王座への階段を昇りつめていったからである。

杜月笙はヤクザの世界に身を投じ、一九五〇年七月、香港堅尼路《ケネディタウン》の仮寓で数奇に富んだ生涯を閉じるまで、危機の連続の真っ只中にいたといっていい。決して一つの成功に満足せず、目標を実現させたそのときから次の野望を燃えたたせ、新たな挑戦に突き進んでいったからである。

挑戦に危機はつきものであるが、杜月笙は見事に危機に対処し得た。たとえどのような崖《がけ》っ縁《ぷち》に追いつめられようとも、暗闇のなかに一点の光を見いだし、それを突破口として活路を開き、またたく間に攻撃へと転じて難局を克服した。

要するに戦術学の一点突破全面展開を地で行くものであり、その意味でこの男は危機管理の天才であった。

杜月笙の危機管理の秘訣とは何か。それはここ一番という場面では、「捨て身で事に処す」という一言に尽きる。

杜月笙の有力な資金源の一つに労働争議の調停があった。時代は一九二〇年代、早くも上海の顔役になっていた三十代。折しも中国の民族資本は本格的な稼働期に入り、資本と人口の集中する工業都市上海には次々と大工場が建設され、黒煙を濛々《もうもう》とたなびかせて活況を呈し始めていた。

資本の蓄積期だけにたちまち資本主義の矛盾が吹きだし、各工場には労働組合が組織された。労資は激しく対立し、調停の依頼が青幇のボス杜月笙のもとへ舞いこんだ。

多くは経営者側からのものだったが、時には労働者側からの調停依頼もあった。工場労働者のなかにも多数の青幇員がいて、その伝手《つて》を通じて杜月笙のもとに話が持ちこまれたのである。

労資の間に割って入った杜月笙は、両方のいい分にじっくりと耳を傾け、ギリギリの妥協点を設定して一気に解決させた。調停に従わぬ者は力で屈伏させた。そのたびに杜月笙の金庫には札束が山と積まれた。

杜月笙の手腕は大いに評価され、彼は上海一の調停役としての名声を博した。彼の輩下には労働組合運動のリーダーも多く、それらを各種の工場に配置して新たな組合を組織することにもつとめた。

ところが、一九二〇年代も後半になると、組合運動はほぼ完全に共産党によって掌握《しょうあく》された。争議は頻発し、工場は武装した労働者に占拠された。悲鳴をあげた資本家たちは、杜月笙のもとに駆けこみ、救いを求めた。杜月笙も身を粉にして調停に動きまわった。

が、調停案は共産党のオルグによってことごとくはねつけられた。工場を血に染めて力による解決をはかっても、武装して激しく抵抗する共産党戦闘部隊によって杜月笙の勢力は追い返された。共産党の労働者戦闘部隊は一個の軍隊に等しく、青幇側にも多くの犠牲者が出た。

有力な資金源を断たれた杜月笙はかつてない窮地に陥った。

二七年三月、中国共産党によって組織された上海総工会は、左翼の武漢《ぶかん》政府と呼応して十九日の早朝、人民政府の樹立を期して一大ゼネストに突入した。武装した労働者の大集団は紺色の戦闘服を身につけ銃を手にして官公署を襲い、南市では警官隊と激しい銃撃を繰り返した。共産党の武装蜂起に上海は大混乱を呈した。

ここに至って、杜月笙はついに決断をくだした。青幇の総力を結集して共産党の殲滅《せんめつ》を期したのである。

それは南京に国民政府の樹立をめざす蔣介石の野望と一致した。杜月笙は蔣介石軍の松滬（上海）警備司令・揚虎、同副司令・陳群と綿密な作戦計画をたてた。そのうえで、ボスの黄金栄、兄貴分の張嘯林の協力を得て、上海青幇の総動員のもとに「中華共進会」を結成したのである。

杜月笙は中華共進会の名で、次のような「反共宣言」を布告した。

《国民党中に寄生する共産党分子は、赤露《ソビエト》の金銭をむさぼり、青年工人を買収して地方を攪乱し、最悪の限りを尽して余さず。実に士は学ばず、農は耕さず、工人は工場に入らず、商人は店にあらず、軽挙遊動してなすことなし。彼らは賃金の値上を以て目的となし、罷工《スト》を以って要務となす。口に帝国主義打倒、資本主義打倒を叫びつつも、自身は工人の金を搾取し、資本家工廠の破壊を以って勝利となす……我等数千年来の礼教の国が攪乱に堕ちんとするを坐視するに忍びず、ここに同人決起して同志を糾合し共産党を滅して

国を救わん》

この宣言は十万枚のビラに印刷され、上海市街の各所にバラまかれている。四月五日、上海各紙は中華共進会の発足を大きく報じた。共進会の会長には青幇の黄金栄が就任した。

四月十二日午前三時を期し、中華共進会はいっせいに決起し、市内各所の共産党アジトを急襲する。青幇の主力が猛攻を仕掛けて突入したのは、共産党の中枢機関上海総工会のある潮州会館だった。労働者糾察隊は銃撃で激しく応戦したが、青幇は屍《しかばね》を乗りこえて建物のなかに突進し、共産党を沈黙させた。

その他、労働者糾察隊の拠点、商務印書館、三山会館、東方図書館などにも突撃した。路上でもあちこちで銃撃戦が演じられた。

杜月笙は愛多亜路《エドワード》のホテルに揚虎、陳群などと陣取ってそこから指揮を振るった。共産党にも共進会にも無数の死傷者が出て、上海市街は文字通り鮮血に染まった。潮州会館の襲撃だけでも死者は二百人を上まわっている。

青幇の別動部隊は共産党幹部、労働ボスの隠れ家をつきとめ、身柄を拉致《らち》して殺害。死体の首は切り落とされ、生首は竹製の鳥籠に入れられ、見せしめのため市街の目抜通りにいくつも吊るされた。共産主義者の恐怖は頂点に達し、上海から少なくとも表だった共産党の活動は一掃された。

この事件こそ「四・一二反共クーデター」と呼ばれるものである。

杜月笙はこの四・一二反共クーデターによって、表の世界にも不動の地歩を固めることとなる。

蔣介石は杜月笙の功績を称《たた》え、彼を中国陸海空軍総司令部参議に登用し、少将の位を与えた。上海バンドのゴロツキだった少年の夢は叶い、中国正規軍の将官の位を手中に収めたのである。

杜月笙もこれにはさすがに感激した。少将の軍服をまとった肖像写真を執務室の壁に掲げさせたほどだった。

こうして杜月笙は危機を好機へと転じさせ、表世界への跳躍をはかったのである。まさに捨て身の対応であり、究極のサバイバルといえるだろう。

③ 生きざまこそ最大の説得力なのだ

日本で〝チャイナマフィア〟なる言葉が聞かれるようになってからすでに久しい。ことに昨今、中国人犯罪が激増するようになって、マスコミにもしばしば登場してくるのは周知の事実だ。〝上海グループ〟〝福建グループ〟、最近では〝東北グループ〟という新手が加わって、さまざまな犯罪行為を繰り返しているという。

パチンコの裏ロムなどという手口はもうひと昔前のことで、密入国の手引きやハイテクを駆使した偽造カードもかつてのこと。近ごろではピッキングによる空き巣狙いから強盗殺人に至るまで、中国人犯罪はあらゆる分野に及んでいる。

こうした犯罪が報じられるたびに、マスコミには〝チャイナマフィア〟の文字が躍ることになるわけだ。が、日本の国内で連日のように繰り返される中国人犯罪は、本当に〝チャイナマフィア〟の仕業なのだろうか。〝マフィア〟という言葉の定義にもよるのだが、少なくともそれは正確でない。

チャイナマフィアとは香港の「十四K」「和勝和」「新義安」、台湾の「竹聯幇」「天道盟」「四海幇」、東南アジア華僑社会の「三合会」（トライアド）など複数の中国人アウトロー集団を指す。

これらはいずれも日本のヤクザをうわまわる確固とした組織を持ち、厳密な位階制度が貫かれていて、概《おおむ》ね旧青幇の「幇規」に擬した厳重な内部規約への絶対的服従が強制されている。資金も潤沢《じゅんたく》で、風俗、娯楽産業への進出の他、企業経営や海外投資も積極的に行なっている。もちろん賭場、銃器、薬物密売など、非合法ビジネスが主力だが、非合法活動に手を染める場合でも一定のルールに従っている。

だが、日本で犯罪を繰り返す在日中国人犯罪グループは、中国大陸から密入国してきた者たちで、一つの犯罪ごとに離合集散を繰り返す単なる犯罪集団でしかないのだ。

二十年ほど前、新宿・大久保《おおくぼ》のマンションで台湾「四海幇」の幹部数名が、敵対する「華山幇」のヒットマンに銃撃されるという事件が起きた。日本での中国系外国人による犯罪の第一弾といっていい。

これと前後して、同じ新宿区内で竹聯幇の関係者が殺害されるという事件もあり、マスコミは「チャイナマフィアの抗争」と大きく報じた。この一件で〝チャイナマフィア〟というマスコミ用語が定着した。

その後、新宿歌舞伎町《かぶきちょう》では中国大陸から入国してきた不法滞在者による殺傷事件が多発し、きわめて無造作に〝チャイナマフィア〟という言葉が乱発されるようになる。チャイナマフィアと単なる中国人犯罪集団を同一視する用語の混乱にはこうしたいきさつがあるわけだ。

前置きが長くなったが、十数年前のこと、知人の取材記者が都内で竹聯幇の結成当初のメンバーに取材する機会があった。彼はジャーナリストで日本語も達者だったとのこと。

彼の話によれば、竹聯幇は国共内戦で中国大陸を追われ、台湾に移住した〝本省人〟と呼ばれる人々の子弟、主に高校生が昭和三十年代の初めに台北市内で結成した不良少年の集まりだという。彼の一家も本省人で、高校一年のとき、大北・西門城にあった分堂の一員になったという。

また、竹聯幇の組織が旧青幇を模倣したものだとも説明してくれたのだが、その折、話が杜月笙に及んだとき、突然、椅子から立ちあがり、親指を立てて「ナンバーワン」と叫んだというのだ。

「台湾、香港の極道はみんな杜月笙を尊敬している」

とも語ったという。

これを機に、知人の取材記者が杜月笙という人物に大いに興味を持ったとしても、不思議ではあるまい。

そこで調べていくうちに、意外な事実に突きあたったという。

中国政府が口を極めて罵詈讒謗《ばりざんぼう》を浴びせるこの暗黒世界の帝王が、中国の民衆レベルではいまでも根強い人気を博しているということだった。

改革解放路線の開始で言論出版の自由がもたらされて以降、待ちかねたように相次いで刊行されたのが、杜月笙の伝記・評伝なのである。ブームはいまでも続いている。この十五年間で出版された杜月笙関連の書籍は三十冊をうわまわっている。たとえばごく限られた中国書籍を扱う日本の中国専門書店の店頭には数種類の杜月笙伝が平積みになっているほどだ。

上海では古老たちが往時のオールド上海を懐しむとき、必ずといっていいほど畏怖《いふ》のなかに畏敬の念すらこめて杜月笙の名を口にするという。香港のアクション映画でも杜月笙をモデルにした作品が次々に製作されてきた。「水滸伝」のアウトローたちが中国民衆の不変のヒーローであるように、杜月笙もオールド上海を知らぬ世代のヒーローとして蘇えりつつあるといっていい。

その背景には、杜月笙の胸のすくような生きざまへの共感があることは間違いない。

金、アヘン、賭博、女、権勢、テロ、抗争。ありとあらゆる悪事に手を染め、その悪に徹しつつも信義に厚く、勇敢で義侠心に富み、不屈の信念を貫き通す。このきわめて明快な生きざまには、男という動物の意識の深奥に本能的共感を呼びさます何ものかがある。

実際、杜月笙は何事においても率先垂範《そっせんすいはん》、自ら先頭に立って配下に手本を示すことを怠らなかった。精気と体力に満ちあふれていた若き日は、自ら先頭に立ってアヘンの強奪を繰り返した。対立組織との抗争では、青幇の配下を従えて敵中に突進し、猛攻を仕掛けて相手を蹴散らした。

青幇に入門して以降、頭髪を短く刈りあげ身だしなみをきちっと整えた。真夏のうだるような暑さのなかでも、必ず長袖の支那服を身にまとった。チンピラ時代に入れた錨《いかり》の刺青を隠すためである。こうして子分たちに範を垂れた。

体力が衰えると、知力でそれをカバーする努力も怠らなかった。無学を恥じた彼は五人の教師を秘書に雇い、古典籍を学んだ。フランス租界に拠点を構えていたため、フランス語の教師を招いて語学の学習にもつとめた。若い子分たちには「三国志」や「戦国策」を与えて読書をすすめている。

日華事変が勃発し、上海が日本軍に包囲されたとき、南市と呼ばれる租界の外に数十万の避難民が雪崩れこんだ。あふれかえる難民に飢餓が迫った。

このとき、難民救済のために立ちあがったのが、杜月笙だった。救援活動に乗りだしたフランス人カトリック団体と共同し、私財を投じて難民に食糧と生活物資を供与したのである。

当時、上海憲兵隊本部特高課に勤務していた塚本誠大尉は、著書のなかでこう記している。

《南市の避難民対策では、ジャキーノ神父の志《こころざし》に感じて青幇の巨頭杜月笙がその組織を動員して煎餅《せんべい》や乾パンなどの食糧その他の配給に当った。この避難民地区には、その後大場鎮付近などからも避難民が殺到し、ジャキーノ神父は上海戦だけでも、飢餓に瀕した六十余万の人命を救った……》

国民党政府が上海を放棄し、完全な無政府状態の大混乱のなかで、戦火をかいくぐり、難民に食糧を供給し得る者は巨大地下組織の青幇以外になかった。杜月笙は上海青幇の全組織を動員して同朋の命を救ったのである。

戦争が本格化し、南京に汪兆銘《おうちょうめい》による親日政権が樹立されると、杜月笙は汪兆銘を、中国を日本に売り渡す〝漢奸〟として激怒し、汪兆銘政権の要人に対するテロ工作に青幇を動員した。汪政権側も日本軍の後援のもと、上海市内に七十六号機関と称するテロ専門の特高工作機関を設置する。

日本軍憲兵隊と一体となった七十六号機関に対し、杜月笙配下の青幇員は猛烈なテロ攻勢にうって出た。汪政権の要人を急襲し、続々と血の海に沈めたのだった。

そのたびに上海の市民は、青幇の奮闘に喝采《かっさい》した。

「杜月笙を抜きにしてオールド上海は語れない」

という。こうした杜月笙の生きざまにこそ、上海の人々は限りない郷愁を覚えるのであろう。

一〇〇字書評

切り取り線

購買動機（新聞、雑誌名を記入するか、あるいは○をつけてください）	
□（　　　　　　　　　　　）の広告を見て	
□（　　　　　　　　　　　）の書評を見て	
□ 知人のすすめで	□ タイトルに惹かれて
□ カバーがよかったから	□ 内容が面白そうだから
□ 好きな作家だから	□ 好きな分野の本だから

●最近、最も感銘を受けた作品名をお書きください

●あなたのお好きな作家名をお書きください

●その他、ご要望がありましたらお書きください

住所	〒				
氏名		職業		年齢	
新刊情報等のパソコンメール配信を 希望する・しない	Eメール	※携帯には配信できません			

あなたにお願い

この本の感想を、編集部までお寄せいただけたらありがたく存じます。今後の企画の参考にさせていただきます。Eメールでも結構です。

いただいた「一〇〇字書評」は、新聞・雑誌等に紹介させていただくことがあります。その場合はお礼として特製図書カードを差し上げます。

前ページの原稿用紙に書評をお書きの上、切り取り、左記までお送り下さい。宛先の住所は不要です。

なお、ご記入いただいたお名前、ご住所等は、書評紹介の事前了解、謝礼のお届けのためだけに利用し、そのほかの目的のために利用することはありません。

〒一〇一-八七〇一
祥伝社黄金文庫編集長　吉田浩行
☎〇三（三二六五）二〇八四
ohgon@shodensha.co.jp

祥伝社ホームページの「ブックレビュー」からも、書けるようになりました。
http://www.shodensha.co.jp/bookreview/

祥伝社黄金文庫

ヤクザに学《まな》ぶ　できる男《おとこ》の条件《じょうけん》

平成16年2月20日　初版第1刷発行
平成24年1月10日　　　第7刷発行

著　者　山《やま》平《だいら》重《しげ》樹《き》

発行者　竹内和芳

発行所　祥伝社《しょうでんしゃ》

〒101－8701
東京都千代田区神田神保町3－3
電話　03（3265）2084（編集部）
電話　03（3265）2081（販売部）
電話　03（3265）3622（業務部）
http://www.shodensha.co.jp/

印刷所　萩原印刷

製本所　関川製本

本書の無断複写は著作権法上での例外を除き禁じられています。また、代行業者など購入者以外の第三者による電子データ化及び電子書籍化は、たとえ個人や家庭内での利用でも著作権法違反です。
造本には十分注意しておりますが、万一、落丁・乱丁などの不良品がありましたら、「業務部」あてにお送り下さい。送料小社負担にてお取り替えいたします。ただし、古書店で購入されたものについてはお取り替え出来ません。

Printed in Japan　© 2004, Shigeki Yamadaira　ISBN978-4-396-31344-9 C0195

祥伝社黄金文庫

山平重樹
ヤクザに学ぶクレーム処理術
なぜ彼らは強いのか？　そのテクニック公開。仕事や近所づきあい、友人間で使える具体的ノウハウ満載！

和田秀樹
頭をよくするちょっとした「習慣術」
「ちょっとした習慣」で能力を伸ばせ！「良い習慣を身につけることが学習進歩の王道」と渡部昇一氏も激賞。

和田秀樹
お金とツキを呼ぶちょっとした「習慣術」
〝運を科学的につかむ方法〟は存在する！　和田式「ツキの好循環」モデルとは？

漆田公一＆デューク東郷研究所
ゴルゴ13の仕事術
商談、経費、接待、時間、資格――危機感と志を持つビジネスマンなら、ゴルゴの「最強の仕事術」に学べ！

小石雄一
「人脈づくり」の達人
〈人脈地図の作り方〉〈電子メール時代のお返事作法〉〈「分からない」と言える人に情報は流れる〉等。

山本七平
人間集団における人望の研究
人望こそ人間評価最大の条件。集団におけるリーダーの条件としての人望ある人はどんな人かを解明する。

祥伝社黄金文庫

米長邦雄
人間における勝負の研究
将棋界きっての才人である著者が、勝負に不可欠の心得──「雑の精神」「省の精神」について説く。

米長邦雄
人生一手の違い
史上最年長名人となった著者が、「泥沼流」人生哲学によって、「運」をつかむコツ、人生の勝負所を説く。

米長邦雄
羽生善治
勉強の仕方
「得意な戦法を捨てられるか」「定跡否定から革新が生まれる」──読むだけで頭がよくなる天才の対話！

渡部昇一
学ぶためのヒント
いい習慣をつけないと、悪い習慣がつく──。若い人たちに贈る「知的生活の方法」。

日本速読協会
「1冊を1分」のスーパー速読法
速読ブームの火つけ役となった一冊、待望の文庫化。すでに3万人が体験している〝奇跡〟の世界！

朝倉千恵子
1日1分！ ビジネスパワー
仕事、楽しんでますか？ カリスマ・セールスレディが実践している、成功を加速させる方程式。

祥伝社黄金文庫

弘兼憲史　ひるむな！上司

ため息をついている暇はない！部下に信頼される上司の共通点

弘中勝　会社の絞め殺し学

会社の経営を苦しくしているのは誰？超人気メールマガジン「ビジネス発想源」の筆者、渾身の書下ろし。

酒巻久　椅子とパソコンをなくせば会社は伸びる！

売上が横ばいでも、利益は10倍になる！　キヤノン電子社長が語る、今日から実行できる改善策。

酒巻久　キヤノンの仕事術

仕事に取り組む上で、もっとも大切なことは何か——本書には〝キヤノンの成長の秘密〟が詰まっています。

片山修　トヨタはいかにして「最強の社員」をつくったか

〝人をつくらなければ、モノづくりは始まらない！〟トヨタの人事制度に着目し、トヨタの強さの秘密を解析。

渡邉美樹　あと5センチ、夢に近づく方法

「自分の人生を切り売りするな！」ワタミ社長が戦いながら身につけた起業論。

祥伝社黄金文庫

長谷部瞳と「日経1年生!」製作委員会
日経1年生!
日経は大人の会話の「ネタ帳」。身近なニュースから「経済の基本の基本」がわかります。もう日経は難しくない!

「長谷部瞳は日経1年生!」編集部
日経1年生!NEXT
経済が大変なことになってます! いま読まなくて、いつ読むの!? 累計400万ダウンロードの経済番組、書籍化第2弾!!

「西川里美は日経1年生!」編集部
西川里美の日経1年生!
世界的経済危機、政権交代、就職氷河期……激動の世の中だからこそ、「経済」をわかることが武器になる!

日下公人《きみんど》
「道徳」という土なくして「経済」の花は咲かず
日本の底力は、道徳力によって作り上げた「相互信頼社会」の土台にある。この土壌があれば、経済発展はたやすい。

日下公人
食卓からの経済学
コーヒー、カレー、チーズ……「おいしい食事」には、智恵と戦略が詰まっている。

門倉貴史
日本「地下経済」白書
書店の万引き470億円、偽ブランドの市場520億円、援助交際630億円…経済のプロがアングラマネーを抉《えぐ》る。

祥伝社黄金文庫

和田秀樹
会社にいながら年収3000万を実現する
精神科医にしてベンチャー起業家の著者が公開する、小資本ビジネスで稼ぐ、これだけのアイデア。

杉山勝行
インターネットで稼ぐ
月刊一千万アクセス、月に一億円以上の売り上げ、集客コストが千分の一に…担当者が明かす我が社の方法。

小林智子
主婦もかせげる
パソコンで月収30万
人生、変わります！　アフィリエイトの達人たちも太鼓判！　パソコンでお金をかせぐコツとワザ、お教えします。

小林智子
主婦もかせげる
アフィリエイトで月収50万
あなたのパソコンにも奇跡は起きます。アフィリエイトで成功するコツお教えします。

伊藤弘美
泣き虫だって社長になれた
28歳独身。経験ゼロ。借金あり。マイナスからのスタートにも負けないそのパワーと笑顔の秘密に迫る。

たかはた　けいこ
小さなお店のつくり方
「アップルハウス」を大成功させた著者が教える、着実に儲ける店づくり。細かなノウハウ満載！